# Rund um Krimis

## Kopiervorlagen für den Deutschunterricht

Herausgegeben von Ute Fenske

Erarbeitet von
Ute Fenske und Christian Rühle

Redaktion: Dirk Held
Bildrecherche: Angelika Wagener

Illustrationen: Maja Bohn, Berlin; Sylvia Graupner, Annaberg
Umschlaggestaltung: Katrin Nehm
Technische Umsetzung: Manuela Mantey-Frempong


**www.cornelsen.de**

Die Internetadressen und -dateien, die in diesem Lehrwerk angegeben sind,
wurden vor Drucklegung geprüft. Der Verlag übernimmt keine Gewähr für
die Aktualität und den Inhalt dieser Adressen und Dateien oder solcher,
die mit ihnen verlinkt sind.

Dieses Werk berücksichtigt die Regeln der reformierten Rechtschreibung und Zeichensetzung.
Bei den mit R gekennzeichneten Texten haben die Rechteinhaber einer Anpassung widersprochen.


1. Auflage, 1. Druck 2006 / 06

Druck: CS-Druck CornelsenStürtz, Berlin

ISBN-13:  978-3-464-61615-4
ISBN-10:      3-464-61615-0

 Inhalt gedruckt auf säurefreiem Papier aus nachhaltiger Forstwirtschaft.

# Inhaltsverzeichnis

# Vorwort und methodische Hinweise

Krimis sind beliebt. Sie bereiten Erwachsenen und Jugendlichen gleichermaßen ein intellektuelles Lesevergnügen. Dabei kann sich die „Lust am Verbrechen" auf vielerlei Weise entfalten: Es ist spannend, einen Täter oder eine Täterin bei der Vorbereitung eines Verbrechens zu beobachten, und genauso reizvoll, einem Detektiv oder einer Detektivin bei der Aufklärung eines Verbrechens „zu helfen".

Da Krimis nicht nur in Büchern, sondern in vielen Medien vorkommen (als Fernsehfilm, als Kinofilm, als Hörbuch, als Comic, als Computerspiel), verfügen viele – auch jüngere – Schülerinnen und Schüler bereits über ein Vorwissen, auf dem sie aufbauen können. Berührungsängste gibt es bei diesem Genre keine.
Im Deutschunterricht eignen sich Krimis gut zur Leseförderung und zur Einführung in die genaue Textanalyse. Die Neugier der Leser, ihr gleichsam „detektivisches" Interesse, führt zu einer aufmerksamen Lesehaltung, aus der sich die genaue Untersuchung des Textes fast automatisch ergibt. Wenn man eine Kriminalgeschichte ganz genau liest, um z. B. herauszufinden, welche Hinweise in der Geschichte zur Überführung des Täters führen oder welche irreführend sind, dann fördert das ganz nebenbei auch die Lesekompetenz.

Im Heft „Rund um Krimis" wird der Begriff „Krimi", also der Kriminalroman, als Oberbegriff für Verbrechens- und Detektivgeschichten aufgefasst.
Die Kopiervorlagen bieten Material, das in die Gattung „Krimi" einführt, Einblicke in verschiedene Genres gibt, Krimis in verschiedenen Medien untersucht. Neben Arbeitsblättern mit überwiegend textanalytischen Methoden gibt es auch spielerische Verfahren und Anregungen für eigene Produktionen. Die Arbeitsblätter können einzeln eingesetzt werden, sie lassen sich aber auch zu Unterrichtseinheiten zusammenstellen, z. B. über die Theorie des Krimis oder zur Unterscheidung von Verbrechens- und Detektivgeschichten.

# Ein Krimi-Memory

*Im Krimi gibt es eine Reihe von Spezialbegriffen, die ihr mit Hilfe dieses Memorys kennen lernen könnt.*

**Aufgabe**

1. Schneidet die Memory-Karten aus. Jeweils ein Begriff und die dazu passende Erklärung bilden ein Pärchen. Die Bilder auf den Karten helfen euch dabei, die Pärchen zu finden.
**Wichtig:** Wenn ihr ein Pärchen aufgedeckt habt, lest euch die Erklärung des Begriffs noch einmal durch.

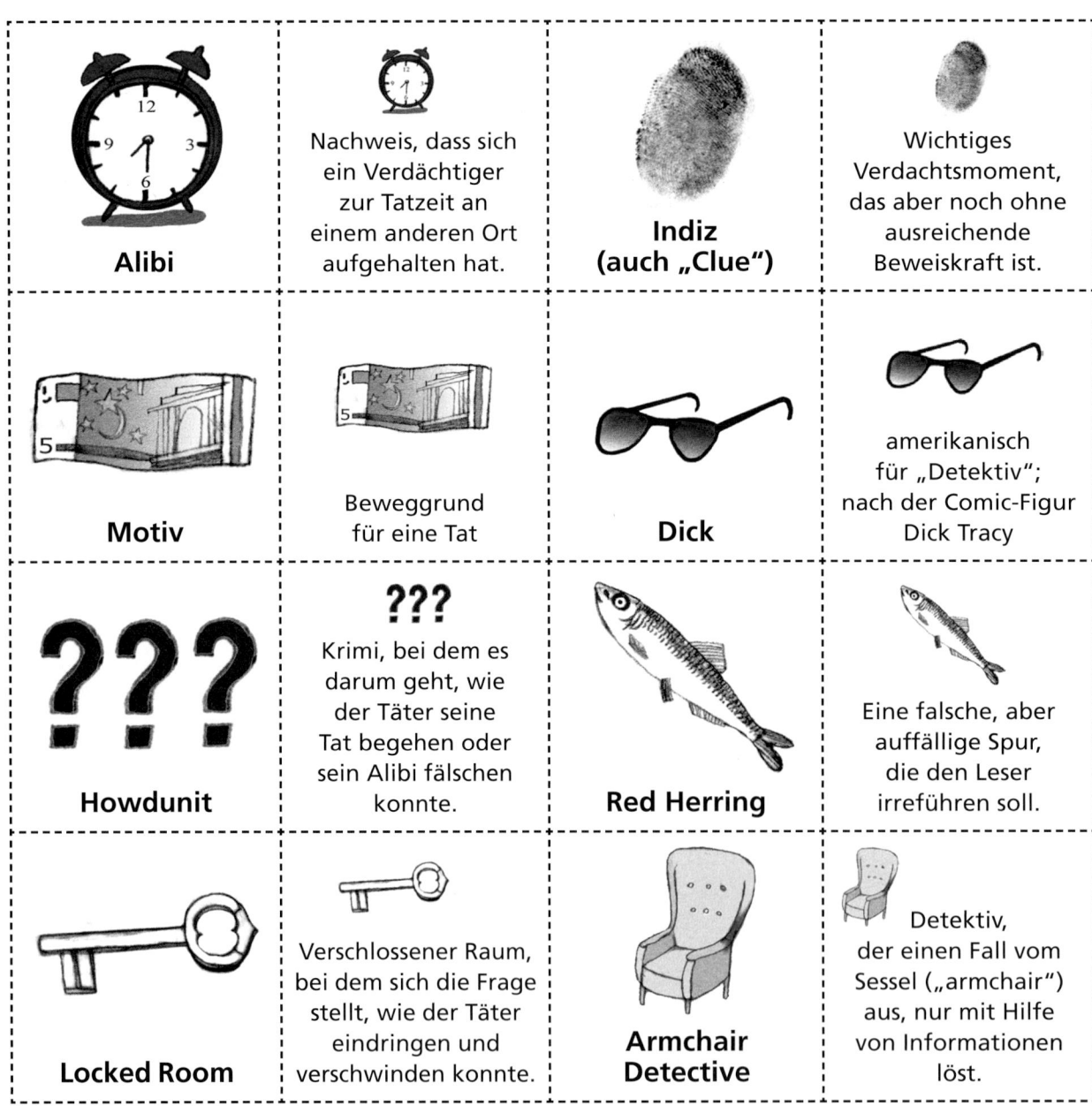

| | | | |
|---|---|---|---|
| **Alibi** | Nachweis, dass sich ein Verdächtiger zur Tatzeit an einem anderen Ort aufgehalten hat. | **Indiz (auch „Clue")** | Wichtiges Verdachtsmoment, das aber noch ohne ausreichende Beweiskraft ist. |
| **Motiv** | Beweggrund für eine Tat | **Dick** | amerikanisch für „Detektiv"; nach der Comic-Figur Dick Tracy |
| **Howdunit** | Krimi, bei dem es darum geht, wie der Täter seine Tat begehen oder sein Alibi fälschen konnte. | **Red Herring** | Eine falsche, aber auffällige Spur, die den Leser irreführen soll. |
| **Locked Room** | Verschlossener Raum, bei dem sich die Frage stellt, wie der Täter eindringen und verschwinden konnte. | **Armchair Detective** | Detektiv, der einen Fall vom Sessel („armchair") aus, nur mit Hilfe von Informationen löst. |

**6**

*Fortsetzung auf Seite 7*

*Fortsetzung von Seite 6*    **Ein Krimi-Memory**

| | | | |
|---|---|---|---|
| **Whodunit** | Krimi, bei dem es darum geht, wer von den Verdächtigen der Täter ist. | **Howcatchem** | Krimi, bei dem Täter und Verbrechen bekannt sind. Die Spannung besteht darin, ob der Täter gefasst wird. |
| **Inverted Story** | Tat und Täter sind bekannt. Die Frage ist, wie der Detektiv das Rätsel lösen wird. | **P. I.** | Private Investigator (= „Privatdetektiv") |
| **Pulp** | Bezeichnung für billige Romanheftchen | **Suspense** | Eine tickende Bombe, von der der Leser weiß, die Figuren aber nicht, erzeugt Spannung, eine für alle überraschend explodierende Bombe nicht. |
| **Thriller** | Spannungsgeladener Kriminalroman; es geht um die Ergreifung eines Täters, der meist bekannt ist. | **Hardboiled Dick** | Ermittler, der weniger seinen Kopf als seine Fäuste zur Lösung eines Falles einsetzt. |
| **Agenten- oder Spionageroman** | Krimi, bei dem es um die Unterwanderung fremder Geheimdienste oder das Beschaffen von Informationen geht. | **Polizeiroman** | Krimi, in dem die Arbeit der Polizei bei der Aufklärung eines Verbrechens möglichst realistisch dargestellt wird. |
| **Detektivroman** | Ein Detektiv klärt den Fall auf. | **Leg Work** | Laufarbeit, die von Nebenfiguren erledigt wird. |

7

# Verbrechens- oder Detektivgeschichte? – Der Aufbau entscheidet!

*Obwohl es Tausende von Krimis gibt, halten sich fast alle an zwei bestimmte Aufbau-Muster …*

**Aufgaben**

1. In der Tabelle wird die gleiche Geschichte einmal als Verbrechens- und einmal als Detektivgeschichte erzählt. – Um herauszufinden, wie die Geschichten aufgebaut sind, ordne die folgenden Bausteine jeweils in die nebenliegenden Spalten ein.

| Aufklärung | Lösung | Motiv | Tat | Täter |
|---|---|---|---|---|

| | Verbrechensgeschichte | Detektivgeschichte | |
|---|---|---|---|
| | Herr Ede | Ein Friseur wurde mit einer Schere ermordet. | |
| | war eifersüchtig auf den Friseur seiner Frau, | An der Tatwaffe fanden sich Fingerabdrücke des Täters. | |
| | deshalb brachte er ihn mit einer Schere um. | Die Fingerabdrücke wiesen auf einen gewissen Herrn Ede hin. | |
| | Nach Auffindung seines Verstecks und einer Verfolgungsjagd durch mehrere Länder konnte die Polizei Herrn Ede fassen. | Herr Ede war eifersüchtig, da er glaubte, der Friseur habe eine Beziehung mit seiner Frau. | |
| | Herr Ede wurde zu 9 Jahren Gefängnis verurteilt. | Herr Ede wurde zu 9 Jahren Gefängnis verurteilt. | |

2. Beschreibe mit eigenen Worten, was Verbrechens- und Detektivgeschichte unterscheidet.

3. Bei welcher der beiden Geschichten geht es darum herauszufinden, was in der Vergangenheit passiert ist? Begründe deine Antwort.

**8**

*Fortsetzung auf Seite 9*

*Einer der ältesten Kriminalfälle findet sich in der Bibel. Es ist die Geschichte von Kain und Abel:*

Und Abel wurde ein Schäfer, Kain aber wurde ein Acker-
mann. Es begab sich aber nach etlicher Zeit, dass Kain
dem HERRN Opfer brachte von den Früchten des Feldes.
Und auch Abel brachte von den Erstlingen seiner Herde
5 und von ihrem Fett. Und der HERR sah Abel und sein
Opfer gnädig an, aber Kain und sein Opfer sah er nicht
gnädig an. Da ergrimmte Kain sehr und senkte finster
seinen Blick. Da sprach der HERR zu Kain. Warum
ergrimmst du? Und warum senkst du deinen Blick?
10 Wenn du fromm bist, so kannst du frei den Blick erhe-
ben. Da sprach Kain zu seinem Bruder Abel: Lass uns aufs
Feld gehen! Und als sie auf dem Felde waren, erhob sich
Kain wider seinen Bruder Abel und schlug ihn tot.
Da sprach der HERR zu Kain: Wo ist dein Bruder Abel? Er
15 sprach: Ich weiß nicht; soll ich meines Bruders Hüter
sein? ER aber sprach: Was hast du getan? Die Stimme des
Blutes deines Bruders schreit zu mir von der Erde. Und
nun: Verflucht seist du auf der Erde, die ihr Maul hat
aufgetan und deines Bruders Blut von deinen Händen
20 empfangen.

*Kains Flucht*

**Aufgaben**

4. Welche typischen Krimi-Elemente enthält die Geschichte von Kain und Abel? Notiere.

_____

_____

5. Handelt es sich bei der biblischen Geschichte eher um eine Verbrechens- oder um
   eine Detektivgeschichte?
   Begründe deine Antwort mit Hilfe von Seite 8.

_____

_____

_____

_____

_____

6. Erzähle die biblische Geschichte als Detektivgeschichte.

# Krimis auf dem deutschen Buchmarkt

*Wie viele Menschen lesen Krimis? Lassen sich Krimis gut verkaufen oder verstauben sie in den Regalen der Buchhandlungen? Hier findest du einige Zahlen zum Verkauf von Kriminalromanen in Deutschland.*

**Belletristik – Warengruppenanteile 2004**

**Aufgaben**

1. Sieh dir die beiden oberen Grafiken genau an. Beurteile dann
   - den Anteil der Kriminalromane an der gesamten verkauften Belletristik,
   - den Verkauf von Kriminalromanen im Vergleich zum Vorjahr,
   - den starken Zuwachs bei der Gruppe „Märchen/Sagen/Legenden/Fabeln".

Geschenkbücher 4,7%
Kriminalromane 21,7%
Märchen/Sagen/Legenden/Fabeln 0,9%
Science Fiction/Fantasy 6,3%
Lyrik/Dramatik/Essays/Aufsätze 2,8%
Briefe/Tagebücher/Biografien 6,5%
Fremdsprachige Literatur 1,7%
Humor/Cartons/Comics/Satire 6,1%
Romane/Gesamtausgaben 49,3%

**Belletristik – Umsatzveränderungen 2004 gegenüber Vorjahr**

| Romane/Gesamtausgaben | Kriminal-romane | Science Fiction/Fantasy | Märchen/Sagen/Legenden/Fabeln | Lyrik/Dramatik/Essays/Aufsätze | Briefe/Tagebücher/Biografien | Fremd-sprachige Literatur | Humor/Cartons/Comics/Satire | Geschenk-bücher |
|---|---|---|---|---|---|---|---|---|
| +5,9% | +6,9% | −6,7% | +27,9% | +10,0% | +12,5% | +13,7% | +12,2% | +7,1% |

**Belletristik:** erzählende, „schöne" Literatur; im Gegensatz zur wissenschaftlichen Literatur

2. Beschreibe die Entwicklung des Krimimarktes 2005 im Vergleich zu 2004.

3. Welche Monate scheinen besondere Krimimonate zu sein? Markiere.

4. Nenne mögliche Gründe dafür, warum sich Krimis in bestimmten Monaten besser verkaufen als in anderen.

**Kriminalromane – Umsatzveränderung 2005 gegenüber Vorjahr**

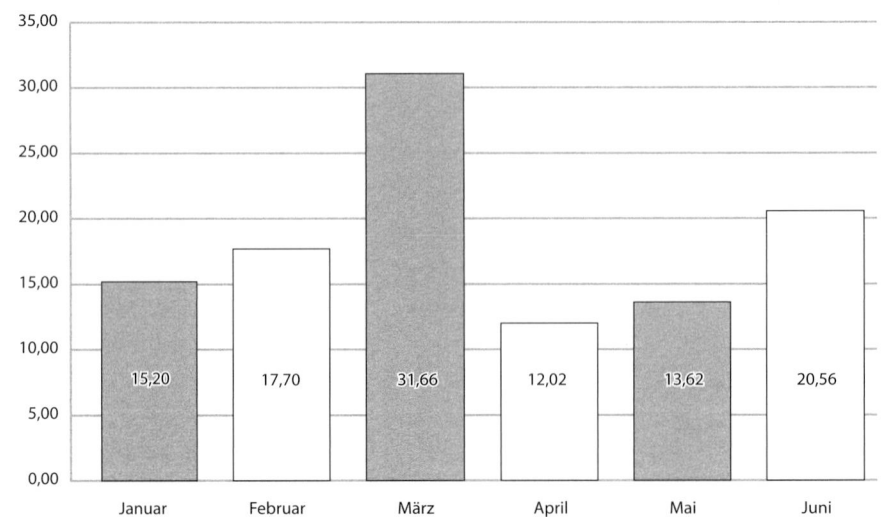

| Januar | Februar | März | April | Mai | Juni |
|---|---|---|---|---|---|
| 15,20 | 17,70 | 31,66 | 12,02 | 13,62 | 20,56 |

**10**

# Der Kommissar: ein Schlaumeier?

*Der Schweizer Krimiautor Friedrich Glauser spricht in einem Brief über seine Vorstellung vom Kriminalroman:*

Im ersten Kapitel passiert der Mord. Hernach sind die Seiten öde und leer bis zum Auftauchen des Schlaumeiers. Dieser ist ein Mensch [...] mit einem Psychologenblick. Diesen Blick benutzt er dazu, um
5 Geheimnisse zu enträtseln. Und jede Person [...] trägt ein solches in ihrem Busen – und sorgsam wahrt sie es. Aber das nützt nicht viel. Der Schlaumeier erscheint, wirft der Person seinen Psychologenblick in einen unsichtbaren Einwurf, zieht am Ring und
10 empfängt das Geständnis samt notwendigem Indizium. Nur die Hand braucht er auszustrecken. Der gleiche Vorgang wiederholt sich bei den anderen Personen – und wenn der Schlaumeier bei allen seinen Psychologenblick eingeworfen und sein Ticket
15 empfangen hat, geht er hin [...] und kauft sich den Täter. Die Lösung aber blühet ihm als Blümelein am Wege. Das Blümelein Lösung steckt sich der Schlaumeier aufs Hütelein oder verziert sich mit ihm sein Knopfloch und wandert weiter, anderen Taten zu. [...]
20 Wie aber, wenn es uns gelänge [...] Sympathien und Antipathien in ihm (dem Kriminalroman) zu wecken für unsere Geschöpfe, für die Häuser, in denen sie wohnen, für die Spiele, die sie spielen, für das Schicksal, das über ihnen schwebt und sie bedroht oder
25 ihnen lächelt? [...] Vor allem aber: Er (der Schlaumeier) muss uns nahegebracht werden und nicht mehr in fernen Höhen schweben, in denen man nach einem Regen trocken bleibt und in der alle Rasierklingen tadellos schneiden. Er muss herunter vom
30 Sockel, der Schlaumeier! Er muss reagieren wie Sie und ich. [...]                    *Friedrich Glauser*

## Aufgaben

1. Welche Figur im Kriminalroman meint Friedrich Glauser mit dem Schlaumeier? Notiere.

2. Die Ermittlungsmethode des Schlaumeiers ist in der folgenden Karikatur dargestellt.
   a) Erkläre die Methode mit eigenen Worten.
   b) Gib der Karikatur eine witzige und erklärende Bildunterschrift.

3. Schreibe heraus, was Friedrich Glauser vom Kriminalroman und vor allem von der Figur des Kommissars fordert.

4. Nimm Stellung zu Glausers Forderung. Überlege dabei auch, wie die Kommissare ermitteln, die du aus der Literatur und dem Fernsehen kennst.

# Regeln für Detektivgeschichten

*Es gibt mehrere Versuche, verbindliche Regeln für Detektivgeschichten aufzustellen. Die folgenden 17 Regeln stammen von dem amerikanischen Autor S. S. Van Dine:*

1. Leser und Detektiv müssen gleichwertige Möglichkeiten haben, das Geheimnis zu lösen. Alle Hinweise müssen deutlich konstatiert[1] und beschrieben werden.

2. Dem Leser dürfen keine vorsätzlichen Tricks und Täuschungen aufgebürdet werden außer jenen, die der Täter zu Recht auch dem Detektiv selbst vorspielt.

3. Es darf keine Liebesgeschichte geben. Die Aufgabe besteht darin, einen Verbrecher vor die Schranken der Justiz, nicht aber ein liebendes Paar vor den Traualtar zu bringen.

4. Niemals sollte der Detektiv selbst oder einer der Ermittlungsbeamten sich als Missetäter herausstellen. So etwas ist bloße Betrügerei und steht auf einer Stufe mit dem Versuch, jemandem einen blanken Penny für ein goldenes Fünfdollarstück anzudrehen. Es ist Vorspiegelung falscher Tatsachen.

5. Der Täter muss durch logische Schlussfolgerungen ermittelt werden, nicht durch Zufall oder ein unmotiviertes Geständnis. Ein Kriminalproblem auf solche Weise zu lösen heißt, den Leser mit Vorbedacht auf Fährtensuche schicken und ihm nach seinem Misserfolg erzählen, das Objekt seiner Nachforschungen habe man schon von Anfang an in der Tasche gehabt. Ein Autor, der das tut, spielt seinem Leser nur Streiche.

6. Der Detektivroman muss über einen Detektiv verfügen; und Detektiv ist nur derjenige, der etwas aufdeckt (detects). Seine Aufgabe ist es, Indizien zu sammeln, welche zu der Person führen, die im ersten Kapitel die Untat beging; [...]

7. Im Detektivroman muss es ganz einfach eine Leiche geben, und je toter sie ist, desto besser. Ein kleineres Verbrechen als ein Mord reicht einfach nicht aus. Dreihundert Seiten sind zu viel Aufhebens um etwas Geringeres. Schließlich müssen des Lesers Mühe und Energieaufwand belohnt werden.

8. Das Verbrechen muss mit rein naturalistischen[2] Mitteln aufgeklärt werden. Zur Ermittlung der Wahrheit sind Methoden wie etwa unsichtbare Schrift, Gedankenlesen, spiritistische Sitzungen, Befragungen der Kristallkugel u. Ä. tabu. Der Leser hat eine Chance, wenn er seinen Verstand mit dem eines rational operierenden[3] Detektivs messen kann, aber wenn er gegen die Geisterwelt [...] antreten muss, hat er von vorneherein verspielt.

9. Es darf nur einen Detektiv geben [...]. Wenn es mehr als einen Detektiv gibt, weiß der Leser nicht, an wem er seine Schlussfolgerungen orientieren soll. [...]

10. Der Täter muss eine Person sein, die in der Geschichte eine mehr oder weniger bedeutende Rolle gespielt hat – eine Person also, die dem Leser vertraut ist und für die er sich interessiert.

11. Der Autor darf keinen Diener zum Täter machen. Das hieße, den Kern der Sache umgehen: Die Lösung wäre zu einfach. Der Täter muss unzweifelhaft eine ehrenwerte Person sein – eine, die normalerweise über Verdacht erhaben ist.

12. Es darf nur einen Täter geben – ganz gleich, wie viele Morde begangen werden. Natürlich kann der Täter einen untergeordneten Helfer oder Mitverschwörer haben; aber die ganze Last muss auf einem Paar Schultern ruhen: Der ganze Unwille des Lesers muss sich auf ein einziges schwarzes Schaf konzentrieren können.

1 konstatiert: festgestellt
2 naturalistischen: der Wirklichkeit entsprechenden
3 rational operierenden: mit dem Verstand arbeitenden

*Fortsetzung auf Seite 13*

**Regeln für Detektivgeschichten**

13. Die Wahrheit des Falles muss stets offenbar sein [...] Damit meine ich, dass der Leser – sollte er nach der Aufklärung das Buch noch einmal lesen – sehen würde, wie die Lösung sich ihm gewissermaßen immer schon aufgedrängt hat, wie alle Hinweise tatsächlich auf den Täter deuteten und wie er, wäre er so klug gewesen wie der Detektiv, den Fall selbst hätte lösen können, ohne bis zum letzten Kapitel zu lesen. Dass der scharfsinnige Leser oft wirklich das Rätsel löst, versteht sich von selbst.

14. Ein Detektivroman sollte keine langen, beschreibenden Passagen, kein literarisches Verweilen bei Nebensächlichkeiten, keine subtilen Charakteranalysen, kein intensives Bemühen um „Atmosphäre" enthalten. Diese Elemente sind in einem Bericht über Verbrechen und Schlussfolgerungen nicht von elementarer Wichtigkeit. Sie blockieren die Handlung und führen Motive ein, die mit dem Hauptzweck nichts zu tun haben [...]

15. Niemals darf ein Berufsverbrecher in einem Detektivroman die Verantwortung für das Verbrechen tragen. Delikte von Einbrechern und Banditen sind Angelegenheiten der Polizei – nicht Sache von Schriftstellern und brillanten Amateurdetektiven. Ein wirklich faszinierendes Verbrechen wird von einem Würdenträger der Kirche oder einer alten Jungfer begangen, die für ihre Wohltätigkeit bekannt ist.

16. Ein Verbrechen in einer Detektivgeschichte sollte sich nie als Unfall oder Selbstmord erweisen. [...]

17. Alle Verbrechen in Detektivgeschichten sollten aus persönlichen Motiven begangen werden. Internationale Verschwörungen und Kriegspolitik gehören in eine andere Literaturkategorie – die der Geheimdiensterzählungen etwa. Eine Mordgeschichte aber muss sozusagen gemütlich sein. Sie muss Alltagserfahrungen des Lesers widerspiegeln [...]

**Aufgaben**

1. Arbeite heraus, worauf es dem Autor besonders ankommt. Notiere dein Ergebnis in Stichworten.

   _____

   _____

2. Der Leser spielt in den Überlegungen des Autors eine wichtige Rolle.
   a) In welchen Punkten fordert der Autor Rücksicht gegenüber dem Leser? Notiere.

   _____

   b) Erkläre mit eigenen Worten, warum der Autor diese Rücksichten fordert.

   _____

   _____

3. Markiere Regeln, die du für richtig hältst, und streiche die Regeln durch, die dir falsch oder überholt erscheinen.

4. Ergänze weitere Regeln, die in einer Detektivgeschichte deiner Ansicht nach unbedingt beachtet werden sollten.

5. Stellt gemeinsam eine Liste mit den wichtigsten Regeln für eine Detektivgeschichte auf. Ihr könnt die Liste dann auch als Poster für euren Klassenraum gestalten.

# Mord auf allen Kanälen

*Tatort Fernsehen – und was das bedeutet: Es muss schon ein paar Tote geben, wenn wir uns amüsieren wollen.*

Es ist Samstagabend, im Fernsehen läuft nichts Besonderes, es ist aber auch nicht viel los auf der Welt. In Ramallah haben israelische Soldaten einen Rundfunksender in die Luft gesprengt, in Brüssel
5 hat ein Mann seine fünf Kinder und den Freund seiner Exfrau getötet, in New Jersey hat ein aus dem Knast entlassener Mafia-Sträfling seinen alten Kumpel mit dem Auto überfahren, weil der ihm nichts von seinen Einkünften abgeben wollte. Wer das
10 alles mitbekommen wollte, musste immerhin nicht umschalten, es kam alles (und noch mehr) im ZDF. Nach 20 Uhr 15 wurde in der Drogenszene ein V-Mann umgebracht, gegen 23 Uhr beharkten einander die Eurocops und ausgewählte Verbrecher.
15 Später [...] haben wir uns noch ein Bier geholt und sind ins Bett gegangen: Da steht erfreulicherweise noch ein Fernsehapparat, sodass man sich den teuflischen Mr. Frost ansehen konnte, der in seinem Garten 24 Leichen vergraben hatte. [...]
20 Schon am Werktag hat der Nachfrager quer durchs Programm die Auswahl zwischen („Diagnose Mord" oder „Doppelter Einsatz") wenigstens zehn Krimiserien täglich, Serien, in denen auch mal ein Gerichtsmediziner, dann wieder ein Hund oder ein dickes
25 Mönchlein mindestens einen Mord aufklären. Am Wochenende ist dann überhaupt kein Halten mehr, schon gar nicht bei den Öffentlich-Rechtlichen: nicht am Freitag, an dem „Die Zwei" mit dem Alten um die Wette ermitteln, nicht am heiligen Tatort-
30 Sonntag und schon lange im ZDF auch am Samstag nicht, an dem der so genannte Samstagskrimi ansteht, was ein wenig so klingt, als habe der Zuschauer ein im Grundgesetz oder in den Rundfunkverträgen verbrieftes Recht auf eine aufgeschlitzte Frau
35 nach dem Abendessen.
Wenn die Gesetze der Marktwirtschaft zu so prächtigen Ergebnissen führen, dann wird die Frage immer interessanter, was genau die Ware fiktives[1] Verbrechen so attraktiv macht. Theorien dazu gibt es
40 fast so viele wie einschlägige Fernsehserien – einfache und tiefer gründende. Zu den simplen gehört der Hinweis, dass man die gewaltige Fülle an Fernsehzeit mit nichts so leicht füllen kann wie mit immer noch einem Krimi: Weil der Zuschauer den
45 Mörder raten darf, wird er sich auch einen Derrick

aus dem Jahre 1975 wieder anschauen, zumal da er die Lösung längst vergessen hat. Andere Thesen gehen sehr viel mehr an die Wurzeln. Viel spricht zum Beispiel für die Überlegung des Autors und Regis-
50 seurs Oliver Storz, der den unglaublichen Erfolg der Tatort-Reihe damit erklärt hat, wir alle bräuchten für unseren Seelenhaushalt nur zu dringend die „Botschaft von der virtuellen Rettbarkeit[2] der Welt". Womit wohl gemeint ist: Erfreulicherweise gibt es doch noch Plätze auf der Welt, auf denen zwar alles
55 denkbar Schreckliche passieren kann – aber so, dass am Schluss das Böse bestraft wird, der Mörder tot ist oder wenigstens in Handschellen abgeführt wird. Und die Rettung hat nicht länger als eineinhalb Stunden gedauert, höchstens.
60
Was den Seelenhaushalt und seine Bedürfnisse angeht, so ist in diesem Zusammenhang auch eine – unter Kommunikationsforschern oft zitierte – Arbeit des US-Medienforschers Dolf Zillmann aus dem Jahre 1994 spannend. Zillmann will bei einer um-
65 fangreichen Versuchsreihe herausgefunden haben, dass Zuschauer – wenn sie sich aus einem breiten Angebot spontan für eine Sendung entschieden – oft ein Angebot auswählten, das ihnen helfe, „ihr Erregungsniveau zu normalisieren". Sie tun das un-
70 bewusst – und die Grundregel lautet nach Zillmann: Bereits erregte Leute stürzten sich gerne auf Entspannendes, einen amerikanischen Musikantenstadl sozusagen; wohingegen Leute, die sich den Tag über langweilten bei der Arbeit, am liebsten Krimis
75 sähen. Wenn das richtig ist, müssen viele Menschen in vielen Ländern der Welt einen sehr langweiligen Alltag haben.
Vielleicht spricht deshalb noch mehr für die Theorie der Theologin und Erlanger Publizistik-Professorin
80 Johanna Haberer. Sie überlegt, ob Krimis, die sich selber ernst nähmen, nicht die moderne Art seien, mit den letzten Fragen umzugehen: „Mit der Frage nach einer letzten Gerechtigkeit, mit der Verzweiflung über Verwicklungen im Leben, die – außer
85 durch Gewalt – scheinbar nicht aufgelöst werden können, mit Verrat, Gier, Macht."
[...]

*Herbert Riehl-Heyse*

---

1 fiktives: erfundenes
2 virtuelle Rettbarkeit: mögliche (nicht wirkliche) Rettung

*Fortsetzung auf Seite 15*

**Aufgaben**

1. Der Autor führt vier Gründe dafür an, warum Krimis im Fernsehen so häufig sind.
   Fasse diese Gründe mit eigenen Worten zusammen.

   1. Grund: _____

   _____

   2. Grund: _____

   _____

   3. Grund: _____

   _____

   4. Grund: _____

   _____

2. Welche Gründe aus Aufgabe 1 treffen deiner Ansicht nach zu? Begründe deine Meinung.

3. Markiere Textstellen, in denen deutlich wird, wie der Autor zu der Vielzahl an Krimis steht.

4. Untersucht mit Hilfe einer Fernsehzeitschrift, wie viele Krimis auf den verschiedenen Sendern gezeigt
   werden und wie viele Krimi-Sendeminuten so zusammenkommen.
   Füllt dazu die Tabelle aus.

| KRIMIS | ARD<br>Anzahl / Minuten | ZDF<br>Anzahl / Minuten | SAT 1<br>Anzahl / Minuten | RTL<br>Anzahl / Minuten | 3sat<br>Anzahl / Minuten |
|--------|-------------------------|-------------------------|---------------------------|-------------------------|--------------------------|
| Montag | / | / | / | / | / |
| Dienstag | / | / | / | / | / |
| Mittwoch | / | / | / | / | / |
| Donnerstag | / | / | / | / | / |
| Freitag | / | / | / | / | / |
| Samstag | / | / | / | / | / |
| Sonntag | / | / | / | / | / |

5. Wertet die Tabelle aus Aufgabe 4 aus. Beantwortet dazu die folgenden Fragen:
   • In welchem Sender werden pro Woche am meisten Krimi-Minuten gesendet?
   • Gibt es auf den verschiedenen Sendern besondere Krimi-Tage?
   • Gibt es Unterschiede zwischen Werktagen und Wochenenden?
   • Lassen sich deutliche Unterschiede zwischen öffentlichen (ARD, ZDF, 3sat) und
     privaten Sendern (SAT 1, RTL) erkennen?

# Kurze Geschichte des Krimis

*Ausgerechnet die „Krimi-Galerie" wurde einen Tag vor ihrer Eröffnung beraubt. Glücklicherweise war der Wachmann gleich zur Stelle, sodass nur ein Bild verschwunden ist. Allerdings haben die Täter ein ziemliches Durcheinander angerichtet und die Bilder hängen nun an der falschen Stelle. Was für ein Glück, dass es die folgenden Informationen zur Ausstellung gibt.*

**1841**: Am Anfang der modernen Detektiverzählung steht Edgar Allen Poes Geschichte „The Murders in the Rue Morgue" (Die Morde in der Rue Morgue). Poes Geschichte enthält bereits den typischen Rätselcharakter, die falschen Fährten und die Tat in einem verschlossenen Zimmer, das eigentlich niemand betreten kann.

**1877**: Die Amerikanerin Anna K. Green schickt die erste Detektivin auf Mördersuche.

**1887**: Sherlock Holmes, Inbegriff des scharfsinnigen Detektivs, löst seinen ersten Fall. Erzählt werden seine Geschichten von seinem einfältigen Gehilfen Dr. Watson. Noch heute gehen jährlich 2000 Anfragen an den  genialen Detektiv mit der Pfeife und der seltsamen Mütze. Dem Autor Arthur Conan Doyle wurde der Rummel um seinen Helden zu viel. Er ließ seine Figur sterben, musste sie aber nach Protesten der Leserschaft wieder auferstehen lassen.

**1903**: Erskine Childers „The Riddle of the Sands" (Das Rätsel der Sandbank) gilt als erster Spionageroman.

**1907**: Nicht der erste, aber einer der berühmtesten sympathischen Gauner ist Arsène Lupin. Die Leser haben an den Auftritten dieses Gentlemans mit Fliege und Orden ebenso viel Freude wie an den Helden auf der Seite des Gesetzes.

**1920**: Der brillante Detektiv Hercule Poirot und die Hobby-Detektivin Jane Marple begründen Agatha Christies Ehrentitel „Queen of Crime". Die bereits 70-jährige Dektivin Miss Marple ist durch die Verfilmungen mit Margaret Rutherford in der Hauptrolle noch bekannter geworden.

**1928**: Erich Kästners „Emil und die Detektive" gilt als erster Kinder-Krimi. Er ist so erfolgreich, dass Astrid Lindgren ihren „Emil aus Lönneberga" für den deutschen Markt in „Michel" umbenennt.

**1929**:
Die Stunde der harten amerikanischen Detektive hat geschlagen. Sie lösen ihre Fälle mit den Fäusten. Wegweisend sind Heftchenromane wie „Black Mask" und einer ihrer Autoren: Dashiell Hammett.

**1931 bis 1934**: George Simenon veröffentlicht seine ersten Romane um den Inspektor Maigret, der eine neue Sorte von Detektiv verkörpert. Er ist kein Superhirn, sondern ein normaler Bürger mit einem großen Einfühlungsvermögen. Er hat Verständnis für die sozialen Probleme seiner Umwelt und ermittelt direkt im Milieu der Opfer. – Markenzeichen des Inspektors ist die Pfeife im Mundwinkel.

**1939**: Jeder kennt ihn aus Hollywood-Filmen: den coolen, harten Detektiv, der in seinem Büro auf Aufträge wartet, der in Hut und Trenchcoat durch dunkle Straßen irrt, eine bezaubernde Auftraggeberin hat, aber nur mit der Gerechtigkeit verheiratet ist. Er wurde unendlich oft kopiert – erfunden hat ihn Raymond Chandler.

**1945**: Lawrence Treat zeigt erstmals „echte" Polizeiarbeit.

**1953**: Agent 007, James Bond, tritt auch in Büchern auf. Sein Erfinder ist Ian Fleming, der als Mitarbeiter von Nachrichtendiensten und des britischen Geheimdienstes wusste, wovon er schrieb.

**Gegenwart**:
Inzwischen gibt es nichts, was es nicht gibt: ermittelnde Tiere, Krimi-Parodien, psychologische und sozialkritische Krimis, Science-Fiction- und Historien-Krimis, Krimi-Spiele und Krimi-Kochbücher. Und es ist kein Ende abzusehen.

*Fortsetzung auf Seite 17*

*Fortsetzung von Seite 16*    **Kurze Geschichte des Krimis**

ÖRD · DE · STIM · NERI · ÄRT · ERM · MERD · RG · ER

**Aufgaben**

1. Schneide die Bilder aus und ordne sie chronologisch von links oben nach rechts unten.
   Die Informationen auf Seite 16 helfen dir dabei.
   **Tipp:** Wenn du die Bilder richtig geordnet hast, ergibt sich ein Lösungssatz.
   **Achtung:** Es gibt nicht zu jedem Abschnitt auf dem Informationsblatt ein passendes Bild.

2. Zeichne in den leeren Rahmen rechts unten einen Krimi-Helden der Gegenwart.

# Krimis und Frauen

*Die Autorin des folgenden Textes schreibt selbst Kriminalromane. Sie macht sich hier Gedanken darüber, in welchen Punkten sich Frauen- und Männer-Krimis voneinander unterscheiden.*

In keiner Literaturgattung – den Liebesroman ausgenommen – sind Frauen als Autorinnen so anerkannt und in großer Zahl erfolgreich wie im Kriminalroman. Und im Grunde ist der Krimi nur die Kehrseite des Liebesromans: ein soziales und psychologisches Drama zwischen zwei Menschen, Mann und Frau, die sich entweder lieben oder sich töten. [...]

Susanne Mischke, Trägerin des Wiesbadener Frauenkrimipreises 2001, meinte bei einer Lesung auf der Criminale 2002 auf die Frage, ob Frauen anders schreiben als Männer: „Diese Szene beim Friseur hätte kein Mann so schreiben können. Dafür machen Männer nie Fehler bei Autos." Verschiedene Alltagserfahrungen also und unterschiedliche Lebenswelten also. Doch weil der Kriminalroman von sozialen Konflikten im Privatleben handelt und weil Mädchen traditionell besser auf soziale Sensibilität trainiert werden, sind Frauen besser darauf vorbereitet, Krimis zu schreiben.

Als Arthur Conan Doyle im 19. Jahrhundert den Detektiv Sherlock Holmes und den Krimi erfand, ging es ihm ja nicht um zwischenmenschliche Konflikte oder Mordmotive, sondern um deduktive[1] Logik nach naturwissenschaftlichem Muster. Er postuliert das Böse als gewissermaßen ursachenlose Variante des menschlichen Seins und erhebt den Detektiv zum genialen Gegenspieler des oft genialen Verbrechers. Ein mittelalterlich-christlicher Antagonismus[2], den Sigmund Freud um die Jahrhundertwende aufbrach, als er zeigte, dass das Böse ein Hilfeschrei der unterdrückten Kreatur ist. Das schärfte nicht nur in der Rechtsprechung den Blick für die soziale Herkunft des Täters, die im Extremfall zur Entschuldigung seiner Gewalttat führte und heute zu Recht Opferverbände auf den Plan ruft, es verschaffte dem Kriminalroman auch die Motivforschung. Agatha Christie kam es erklärtermaßen auf die psychologische Begründung der Tat an. Wenn ihre Krimis auch eher mathematisch ausgeklügelt und psychologisch schematisch sind, so schuf sie doch mit Miss Marple die erste Frauenkrimikonstellation nach dem Friseur-Szenen-Prinzip: die neugierige Alte, die übers Strickzeug gebeugt dem Dorfklatsch zuhört, die Kennerin des alltäglichen Sozialdramas.

*Miss Marple*

[...] wenn fünf Leute beisammensitzen und sich herausstellt, dass ich Krimiautorin bin, dann taucht zu vorgerückter Stunde unweigerlich die Frage nach dem perfekten Mord auf, und man blickt mich erwartungsvoll an. Jeder Mensch – behauptet man gern – wünsche sich irgendwann einmal in seinem Leben, jemanden umzubringen. Aber wie? Du kennst dich doch da aus. Stimmt, ich weiß mehr als viele über die Wirkung von Gift. Und Kriminalisten vermuten, dass diejenigen Morde, die mit Gift ausgeübt werden, erstens von Frauen begangen und zweitens meist nicht einmal entdeckt werden. Im Fall von Morden mit Messern, stumpfen Gegenständen oder Schusswaffen sind die Täter zu weit über neunzig Prozent Männer (ihre Opfer übrigens zu achtzig Prozent Frauen), und die Aufklärungsquote liegt bei ebenfalls gut über neunzig Prozent.

Sind also wir Frauen die besseren Mörderinnen? Und wenn ja, warum? So manche treusorgende Ehefrau hat ihren Gatten auf dem Gewissen. Viele Kalorien, viel Cholesterin, Alkohol und Zigarren. Nach dreißig Jahren ist er tot, und sie geht straffrei aus. Zugegeben unbefriedigend, weil langwierig. Aber wir haben ja noch das Pilzgericht. Die Grundidee dahinter ist ganz einfach: Wer kocht, hat die Macht zu töten. Weshalb Könige sich Vorkoster hielten. Es ist unbewiesen, ob Frauen wirklich so oft unentdeckt morden, wie die Kriminologen vermuten. Aber die Ver-

---

1 deduktive: das Besondere, den Einzelfall aus dem Allgemeinen ableitende
2 Antagonismus: Gegensatz

*Fortsetzung auf Seite 19*

75 mutung ist symptomatisch für die Urangst der – sich bedienen lassenden – Männer, wir könnten uns eines Tages ihrer entledigen. Eine Befürchtung, die es auch dem Feuilleton leicht macht, die Kompetenz von Frauen auf dem Gebiet des literarischen 80 Verbrechens anzuerkennen. Und so akzeptiert ein riesiges LeserInnen-Publikum Ingrid Nolls Gruselgeschichten vom lustigen Mord frustrierter Frauen in der Tradition von Patricia Highsmith und der unmoralischen Variante des Krimis. Wenn das so ist, 85 muss es aber auch Männer geben, die den Krimi zurückerobern. Raymond Chandlers Romane etwa weichen nicht nur vom deduktiven Krimi ab, sie sind vielmehr hochemotional, chaotisch und – frauenfeindlich. Philip Marlowes sexuelles Interesse 90 gilt stets der Frau, die auf der falschen Seite steht, ihn hintergeht und verrät und sterben muss. […]

3 Dramaturgie: den Aufbau der Handlung betreffend
4 Plot: die Handlung betreffend

So entledigt sich – überspitzt formuliert – die schreibende Krimidame auf raffinierte Art der sich dominant gebärdenden Männer, während der Krimi schreibende Mann in seinem Ringen um Rück- 95 gewinnung der Allmacht die eigensinnige Frau als Verräterin tötet.
Aber wohlgemerkt, der Krimi hat nichts mit der Realität zu tun. Er gehört wie der Liebesroman zu den Literaturgattungen mit dem strengsten Regelwerk 100 für Dramaturgie[3] und Plot[4]. Doch in einer Zeit, in der Verlage ihre Krimireihen einstellen und Krimis als Romane kaschieren, zeigt sich, dass in einer an dramatischen Konflikten so armen Gesellschaft wie der unseren der Krimi die einzige Fiktion ist, die im Man- 105 tel der Wahrscheinlichkeit noch vom zwischenmenschlichen Drama – Liebe, Hass und Verrat – erzählen kann. […]

*Christine Lehmann*

**Aufgaben**

1. Schreibe heraus, wie die Autorin die Gattung Krimi im ersten Absatz des Textes definiert.

2. Wie begründet Christine Lehmann ihre Aussage, Frauen seien besser darauf vorbereitet, Krimis zu schreiben, als Männer? Fasse ihre Begründung mit eigenen Worten zusammen.

3. Sind Frauen die „besseren" Mörderinnen? Notiere, wie die Autorin diese Frage beantwortet.

4. Wie unterscheiden sich Krimis, die Männer geschrieben haben, von Krimis, die Frauen geschrieben haben? Antworte mit Hilfe des Textes.

5. Formuliere nun eine persönliche Stellungnahme zum Aufsatz von Christine Lehmann und zum Thema „Frauen und Krimis".
Tipp: Nutze für deine Stellungnahme deine Ergebnisse aus den Aufgaben 1 bis 4.

# Profiler – es geht um Mord

*Profiler nennt man sie in Amerika, Tatortanalytiker heißen sie in Deutschland. Sie kommen zum Einsatz, wenn die herkömmlichen Ermittlungsmethoden versagen.*

Axel Petermann wählt seine Worte vorsichtig. Das bringt der Beruf so mit sich. Seine blonden Haare fallen ihm wild ums Gesicht, fast bis in den Schnäuzer. Man kann sich vorstellen, dass Petermann
5 Geheimnisse aufspürt. „Verbrechen geschehen, darauf hat man keinen Einfluss", sagt er bedächtig. Manchmal handelt es sich dabei um Mord. Und wenn Kapitalverbrechen mit konventioneller[1] Polizeiarbeit nicht aufgeklärt werden, kommen Profiler
10 ins Spiel. Profiler wie Axel Petermann.
Die psychologischen Schnüffler vertiefen sich in die Handschrift, die ein Mörder am Tatort hinterlässt, und stellen Fragen, die über den Polizeialltag hinausgehen. Vor allem immer wieder eine Frage: Was hat
15 der Täter getan, das er nicht hätte tun müssen, um dieses Verbrechen zu begehen?
An einer Pinnwand in Axel Petermanns Büro hängt ein Luftbild. Es zeigt einen herbstlichen Feldweg am Rand eines Waldes in Niedersachsen, mehrere Autos
20 stehen darauf. Auf einer Nahaufnahme ist ein blauer Müllsack zu sehen, von Zweigen bedeckt. Darin liegt die Leiche von Adelina. Die zehnjährige Russlanddeutsche verschwand 2001 auf dem Weg von der Wohnung ihres Großvaters zu der ihrer Mutter. Eine
25 Pilzsammlerin fand die Leiche drei Monate später in einem Waldstück. Was ist für Petermann bedeutsam an diesem Bild? „Entscheidungen des Mörders spiegeln seine Persönlichkeit." Der Täter hat nicht einfach die Autotür geöffnet und den Plastiksack hin-
30 ausgeworfen, sondern ihn 20 Meter in den Wald geschleppt. Dieser Zeitverlust bedeutete für ihn ein Risiko – er fühlte sich offenbar sicher. Das ist für Petermann ein bedeutsames Detail. „Wir versuchen zu erklären, warum er die risikoreiche Möglichkeit
35 gewählt hat."
Mörder sind frei zu entscheiden, ob sie erschießen, erstechen, erwürgen; sie können tödlich zustechen oder quälen. Manche Täter versuchen, ihre Tat symbolisch wieder gutzumachen, indem sie ihr Opfer
40 waschen oder zudecken. Oder sie begehen einen Overkill: Der Mensch ist längst tot, doch der Täter drischt wieder und wieder auf sein Opfer ein. Solche Details können Aufschluss über das Tatmotiv geben, das wiederum Teil des Täterprofils ist. Diese Ent-
45 scheidungen können wie ein Code gelesen werden, als Schlüssel zur Psyche des Täters. […]

Axel Petermann hat die OFA (= operative Fallanalyse) aufgebaut, nachdem er 20 Jahre lang Mordfälle geklärt hat, zuletzt als Leiter der Mordkommission. […] Petermanns Büro sieht etwas vernachlässigt aus, 50 so, als fühle er sich nicht besonders wohl darin. Tatsächlich vermisst der 51-Jährige manchmal die nächtlichen Rufe zum Tatort. Fallanalyse spielt sich am Schreibtisch ab: Das dreiköpfige OFA-Team um Petermann vergleicht Häufigkeiten und Wahr- 55 scheinlichkeiten, interpretiert die Befunde der Ermittler und reichert sie mit dem Spezialwissen von Sachverständigen an. Petermann arbeitet eng mit Kriminalisten, Psychologen und Pathologen zusammen. Auf dem Boden stapeln sich Kriminalakten 60 und Pappkartons, aus denen allerlei Hausrat hervorlugt. „Habe ich aus dem Archiv kommen lassen", sagt Petermann. „Beweismittel aus einem Fall, der vor 17 Jahren nicht aufgeklärt wurde." Vielleicht kann er noch etwas finden. – Das ist eine Erleichte- 65 rung: Fallanalyse ist frei vom Zeitdruck herkömmlicher Polizeiarbeit. Wieder und wieder sichten die Profiler die Tatortfotos, studieren den Obduktionsbericht und die Ergebnisse der Kriminaltechnik. Sie haben Zeit, auch nach vier Jahren noch mal den Fall 70 Adelina aufzurollen. Nie befasst sich ein Beamter allein mit den psychologischen Geheimnissen eines Tatorts. Die Wahrnehmung einer Einzelperson ist zu verzerrt, die Gruppe ist das Korrektiv.
„Wir bestimmen keine Täter", sagt Petermann. „Wir 75 interpretieren die Details am Tatort und sagen dann, es könnte aus dieser Neigung oder Motivation heraus geschehen sein." Der Tatort spiegelt die Absichten und Wünsche des Täters wider, er trägt seine Handschrift. Nach der Analyse reicht die OFA ihren 80 Bericht an die Ermittler weiter, denn das Profiling liefert keine Beweise, sondern mögliche Wege zum Täter. Tauchen neue Fragen auf, konsultieren[2] die Ermittler wieder das Tatortanalyse-Team.
Profiler werden oft gefragt, ob sie sich in den Mörder 85 hineinfühlen können. „Ich kann nicht wie ein Serienmörder denken. Ich kann nur seine Schuhe benutzen", antwortet darauf Thomas Müller, Kriminalpsychologe bei Interpol Wien und Europas führender Tatortanalytiker. Petermann arbeitete eng 90 mit ihm zusammen, als er im Jahr 2003 die Bremer Dienststelle einrichtete. Entstanden ist das Berufs-

1 konventioneller: üblicher, gewöhnlicher
2 konsultieren: um Rat fragen

*Fortsetzung auf Seite 21*

bild des Profilers in den achtziger Jahren in den USA. Psychologen sollten helfen, wo die Ermittler nicht weiterkamen. In Deutschland hat die Polizei 1999 begonnen, Fachleute für Tatortanalyse einzusetzen, erfahrene Berufskommissare zumeist. Die gehobene Beamtenlaufbahn mit Stationen der Schutzpolizei, Streife und Kriminalpolizei ist Voraussetzung für die Arbeit bei der OFA. Es gibt aber auch selbstständige Profiler wie den Österreicher Thomas Müller. Der entschied sich nach zehn Jahren Funkstreife zum Psychologiestudium, ließ sich beim FBI ausbilden, führte Gespräche in Hochsicherheitsgefängnissen, um in Erfahrungswelten vorzudringen, die normale Menschen nicht betreten können. Heute arbeitet er als freiberuflicher Gutachter bei Gericht.

Das Blickfeld der OFA geht weit über das Einsatzgebiet einer Mordkommission hinaus. Um über Landesgrenzen hinweg zu ermitteln, bedient sich das Team um Axel Petermann des Violent Crime Linkage Analysis System (Viclas), einer umfassenden kriminalistischen Datenbank. Mit ihrer Hilfe werden Parallelen zu Fällen in anderen Städten gezogen. Doch sei es schwierig, Handlungen miteinander zu vergleichen, sagt Petermann. Er weiß, dass nicht alles, was geplant ist, auch umgesetzt wird. [...] „Nie könne man wissen, ob die Tat, so, wie sie ausgeführt worden sei, auch das sei, was der Täter gewollt habe", sagt Petermann. „Ich kann nur Gemeinsamkeiten und Abweichungen aufzeigen und Gründe dafür suchen."

Regelmäßig fordert Radio Bremen die Hilfe des Kommissars an. Zwar macht der sich nichts aus Fernsehen, die Serie *Profiler* muss ihm ein Gräuel sein. Doch beim *Tatort* hat er seine Finger im Spiel. Sonst würden die Geschichten mit der Polizeiarbeit so wenig zu tun haben wie Arztromane mit der Arbeit im Krankenhaus. Deswegen korrigiert Petermann die Drehbücher.

*Carola Padtberg*

---

**Aufgaben**

1. Markiere alle Textstellen, in denen die Tätigkeit eines Profilers beschrieben wird.

2. Erkläre, was einen Profiler von einem herkömmlichen Ermittler unterscheidet.

3. Für den Profiler Petermann ist die entscheidende Frage:
   „Was hat der Täter getan, das er nicht hätte tun müssen, um dieses Verbrechen zu begehen?"
   Erkläre, warum diese Frage so wichtig ist.

4. Leite aus den Beschreibungen über die Arbeit eines Profilers Eigenschaften ab,
   die man für diesen Beruf haben muss. Notiere Stichworte.

5. In einer Fachzeitschrift soll eine Stellenanzeige für einen Profiler abgedruckt werden.
   Formuliere den Anzeigentext. Beschreibe dabei die Arbeit des Profilers und
   benenne die Eigenschaften, die ein Bewerber mitbringen muss.

# Profiler gesucht

_____

_____

_____

_____

_____

_____

# Krimi-Kritik

*Friedrich Dürrenmatts Roman „Das Versprechen" beginnt damit, dass ein Schriftsteller den ehemaligen Kommandanten der Züricher Polizei, Dr. H., im Auto mitnimmt. Der Schriftsteller muss sich eine vernichtende Meinung über Kriminalromane anhören.*

Um ehrlich zu sein, begann Dr. H. später, [...] um ehrlich zu sein, ich habe nie viel von Kriminalromanen gehalten und bedaure, daß auch Sie sich damit abgeben. Zeitverschwendung. Was Sie gestern in Ihrem Vortrag ausführten, läßt sich zwar hören; seit die Politiker auf eine so sträfliche Weise versagen [...], hoffen die Leute eben, daß wenigstens die Polizei die Welt zu ordnen verstehe, wenn ich mir auch keine lausigere Hoffnung vorstellen kann.

Doch wird leider in all diesen Kriminalgeschichten ein noch ganz anderer Schwindel getrieben. Damit meine ich nicht einmal den Umstand, daß eure Verbrecher ihre Strafe finden. Denn dieses schöne Märchen ist wohl moralisch notwendig. Es gehört zu den staatserhaltenden Lügen, wie etwa auch der fromme Spruch, das Verbrechen lohne sich nicht – wobei man doch nur die menschliche Gesellschaft zu betrachten braucht, um die Wahrheit über diesen Punkt zu erfahren –, all dies will ich durchgehen lassen, und sei es auch nur aus Geschäftsprinzip, denn jedes Publikum und jeder Steuerzahler hat ein Anrecht auf seine Helden und sein Happy-End, und dies zu liefern, sind wir von der Polizei und ihr von der Schriftstellerei gleicherweise verpflichtet. Nein, ich ärgere mich vielmehr über die Handlung in euren Romanen. Hier wird der Schwindel zu toll und zu unverschämt. Ihr baut eure Handlungen logisch auf; wie bei einem Schachspiel geht es zu, hier der Verbrecher, hier das Opfer, hier der Mitwisser, hier der Nutznießer; es genügt, daß der Detektiv die Regeln kennt und die Partie wiederholt, und schon hat er den Verbrecher gestellt, der Gerechtigkeit zum Siege verholfen. Diese Fiktion macht mich wütend. Der Wirklichkeit ist mit Logik nur zum Teil beizukommen. Dabei, zugegeben, sind gerade wir von der Polizei gezwungen, ebenfalls logisch vorzugehen, wissenschaftlich; doch die Störfaktoren, die uns ins Spiel pfuschen, sind so häufig, daß allzu oft nur das reine Berufsglück und der Zufall zu unseren Gunsten entscheiden. Oder zu unseren Ungunsten. Doch in euren Romanen spielt der Zufall keine Rolle, und wenn etwas nach Zufall aussieht, ist es gleich Schicksal und Fügung gewesen; die Wahrheit wird seit jeher von euch Schriftstellern den dramaturgischen Regeln zum Fraße hingeworfen. Schickt diese Regeln endlich zum Teufel. Ein Geschehen kann schon allein deshalb nicht wie eine Rechnung aufgehen, weil wir nie alle notwendigen Faktoren kennen, sondern nur einige wenige, meistens recht nebensächliche. Auch spielt das Zufällige, Unberechenbare, Inkommensurable[1] eine zu große Rolle. Unsere Gesetze fußen nur auf Wahrscheinlichkeit, auf Statistik, nicht auf Kausalität, treffen nur im Allgemeinen zu, nicht im Besonderen. Der Einzelne steht außerhalb der Berechnung. Unsere kriminalistischen Mittel sind unzulänglich, und je mehr wir sie ausbauen, desto unzulänglicher werden sie im Grunde. Doch ihr von der Schriftstellerei kümmert euch nicht darum. Ihr versucht nicht, euch mit einer Realität herumzuschlagen, die sich uns immer wieder entzieht, sondern ihr stellt eine Welt auf, die zu bewältigen ist. Diese Welt mag vollkommen sein, möglich, aber sie ist eine Lüge. Lasst die Vollkommenheit fahren, wollt ihr weiterkommen, zu den Dingen, zu der Wirklichkeit, wie es sich für Männer schickt, sonst bleibt ihr sitzen, mit nutzlosen Stilübungen beschäftigt."

*Friedrich Dürrenmatt* [R]

1 das Inkommensurable: das Unvergleichbare

## Aufgaben

1. Stelle gegenüber, in welchen Punkten sich Realität und Kriminalroman nach Dr. H.s Meinung unterscheiden.

2. Nimm Stellung zu den Vorwürfen Dr. H.s. Gehe so vor:
   • Prüfe – wenn möglich – an Kriminalromanen oder Kriminalgeschichten, die du kennst, ob die Vorwürfe zutreffen.
   • Überlege, ob du den Argumenten Dr. H.s zustimmen kannst oder nicht.
   • Schreibe deine Stellungnahme.

# Mafiosi oder Mord in Palermo

*Es ist Nacht in Palermo und das Leben ist gefährlich. Jede Nacht wird eine Bürgerin oder ein Bürger der Stadt umgebracht. Um endlich wieder ruhig schlafen zu können, begeben sich zwei Detektive und die Bürger der Stadt auf die Suche nach den Mördern.*

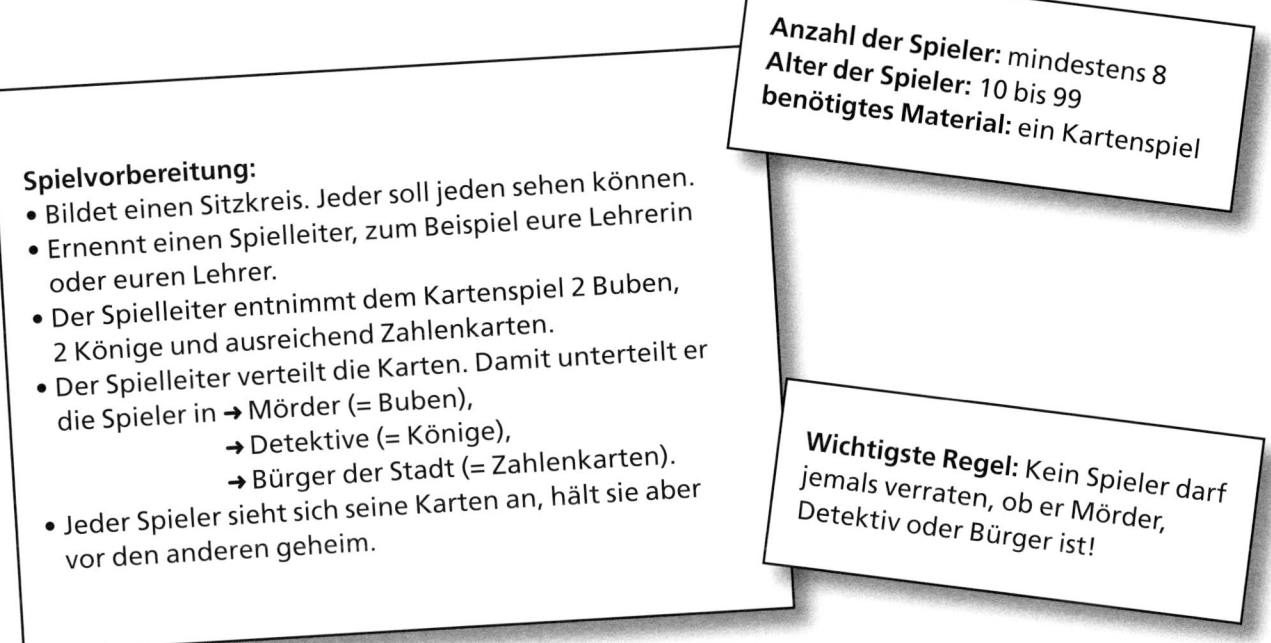

**Anzahl der Spieler:** mindestens 8
**Alter der Spieler:** 10 bis 99
**benötigtes Material:** ein Kartenspiel

**Spielvorbereitung:**
- Bildet einen Sitzkreis. Jeder soll jeden sehen können.
- Ernennt einen Spielleiter, zum Beispiel eure Lehrerin oder euren Lehrer.
- Der Spielleiter entnimmt dem Kartenspiel 2 Buben, 2 Könige und ausreichend Zahlenkarten.
- Der Spielleiter verteilt die Karten. Damit unterteilt er die Spieler in → Mörder (= Buben),
    → Detektive (= Könige),
    → Bürger der Stadt (= Zahlenkarten).
- Jeder Spieler sieht sich seine Karten an, hält sie aber vor den anderen geheim.

**Wichtigste Regel:** Kein Spieler darf jemals verraten, ob er Mörder, Detektiv oder Bürger ist!

## Spielverlauf

Der Spielleiter sagt: „Es wird Nacht in Palermo und alle schließen die Augen."

Wenn alle Augen geschlossen sind, sagt der Spielleiter: „Die Mörder öffnen die Augen."
Die beiden Mörder erwachen und bestimmen leise, am besten mit Handzeichen,
wer in dieser Nacht sterben muss. Wenn das Opfer bestimmt ist, schließen die Mörder ihre Augen wieder.

Der Spielleiter sagt nun: „Die Detektive öffnen die Augen." Die Detektive erwachen und einigen sich
heimlich auf einen Verdächtigen. Zunächst können die Detektive nur raten, im Laufe des Spiels
können sie aber auf wichtige Hinweise stoßen. Auch die Detektive schließen nach getaner Arbeit
wieder ihre Augen.

Nun sagt der Spielleiter: „Es wird Tag in Palermo, alle Mitspieler öffnen die Augen." Außerdem sagt er,
welche Person ermordet wurde (diese Person ist ausgeschieden und darf sich nicht mehr äußern) und ob
die Detektive mit ihrem Verdacht Recht hatten.

Nun beginnt die offene Diskussion darüber, wer die Täter sein könnten. War der erste Tipp der Detektive
richtig, werden sie versuchen, die Diskussion auf den Täter zu lenken. Sie sollten sich dabei aber nicht
zu erkennen geben, denn es bleibt in der nächsten Runde noch ein Täter übrig, der einen von ihnen
umbringen kann. Verschiedene Mitspieler werden im Laufe der Diskussion verdächtigt und natürlich
werden alle abstreiten, ein Mörder zu sein. Schließlich lässt der Spielleiter darüber abstimmen,
wer einer der Täter sein könnte. Dabei kann es auch eine unschuldige Person treffen.
Die Person mit den meisten Stimmen muss ins Gefängnis und darf nichts mehr sagen.

Nun sagt der Spielleiter wieder: „Es wird Nacht in Palermo und alle schließen die Augen."
Die zweite Rund beginnt …

## Ende des Spiels
Die Bürger und die Detektive siegen, wenn es keine Mörder mehr gibt.
Die Mörder siegen, wenn es nur noch zwei Stadtbewohner gibt.

# Was ist hier passiert?

*Bei den folgenden Rätseln ist dein Gespür als Detektiv gefragt. Ihr könnt zu zweit – mit einem Spielleiter und einem Detektiv – oder mit mehreren Detektiven spielen.*

## Spielregeln:

- Der Spielleiter liest das Rätsel vor und sieht sich die Lösung an.
- Die Spieler versuchen, das Rätsel zu lösen, indem sie dem Spielleiter Fragen stellen.
- Der Spielleiter beantwortet nur Fragen, die er mit „Ja" oder „Nein" beantworten kann.
- Wird eine Frage mit „Nein" beantwortet, ist der nächste Detektiv an der Reihe.

## Tipp:

Ihr könnt das Spiel auch nach Punkten spielen. Jedes „Ja" gibt einen Pluspunkt, jedes „Nein" einen Minuspunkt. Die Frage, mit der das Rätsel endgültig gelöst wird, bringt drei Pluspunkte. Gewonnen hat der Detektiv mit den meisten Pluspunkten.

**1** Bei einem Duell zwischen zwei Männern schießt nur der eine. Er trifft zwar den Gegner, ärgert sich aber. Der Getroffene freut sich. Warum?

**2** Gesucht ist der Name des Opfers. Wie heißt das Opfer?

**3** Ein Mann kommt aus einer Passbildkabine heraus und wartet auf seine Fotos. Als sie erscheinen, lächelt er zufrieden, zerreißt die Bilder und wirft sie weg. Warum?

**4** Als Julia ihren fünften Buben bekam, erschoss sie Romeo. Warum?

**5** Dieter steigt am Flughafen ins Taxi: „Frühlingsstraße 27, bitte!" Da zieht der Taxifahrer eine Pistole und erschießt Dieter. Warum?

**6** Eine Frau kauft sich ein Paar neue Schuhe. Deswegen muss sie sterben. Warum?

Lösungen:
1. Es handelt sich um Schütze und Torwart beim Elfmeter.
2. Das Opfer heißt: Gesucht.
3. Der Mann ist für die Wartung des Passbildautomaten zuständig und hat getestet, ob das Gerät funktioniert.
4. Es wurde Poker gespielt. Als Julia den fünften Buben bekommt, weiß sie, dass Romeo betrügt.
5. Der Taxifahrer hatte den Verdacht schon länger, dass seine Frau ihn betrog. Als der Fahrgast nun seine Adresse nannte, war der Liebhaber enttarnt.
6. Die Frau arbeitet im Zirkus als Assistentin eines Messerwerfers; durch ihre neuen hochhackigen Schuhe ist sie zu groß für die eingeübten Würfe knapp neben Kopf und Körper.

24

# Spuren lesen

*Spuren zu lesen und zu deuten gehört zum Handwerk des Detektivs. Denn Spuren enthalten oft die entscheidenden Hinweise auf den Täter oder den Tatverlauf.*

**Aufgabe**

1. Sieh dir die Spuren an und notiere jeweils, was du aus ihnen schließen kannst. Die Informationen und Fragen unter den Bildern helfen dir dabei. Vergleiche anschließend mit dem Lösungsteil.

   a) Blut des Täters

| Der Blutstropfen ist klein und rund. | Der Blutstropfen ist groß, der Rand ausgefranst. | längliche Tropfen in dichter Folge |

   b) Spuren im Schnee

| ein sehr tiefer Abruck | ein tiefer und ein weniger tiefer Abdruck | Wer ist der Täter? Woher kommt er? |

   c) Handschriften

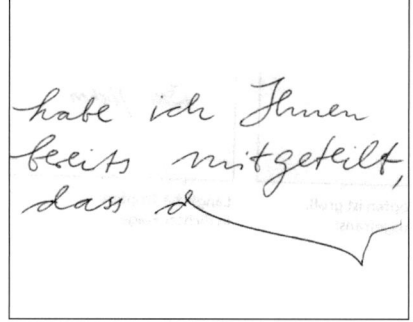 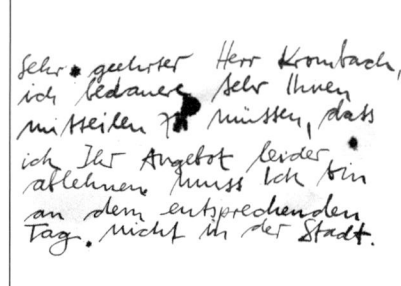

| Was ist passiert? | Wo ist der Brief geschrieben worden? | Womit ist der Brief geschrieben? |

# Herzstechen

Die drei reizenden Thüssen-Schwestern Hilde, Milde und Tilde schnitten gerade Papierpuppen als Weihnachtsgeschenke für die Armen und Bedürftigen aus, als ihr reicher Onkel Hugo Edelbart Knasterbaster hereingestürmt kam und ihnen vorwarf, sie würden nie irgendetwas Sinnvolles tun. Weshalb er sie nicht nur irgendwann aus
5 seinem Testament streichen wollte, sondern das hier und jetzt tun würde. Also griff er zum Telefonhörer und rief seinen Anwalt an.

Doch bevor er seinen Anruf beenden konnte, ermordete ihn eine der Schwestern, indem sie ihm mit einer Schere ins Herz stach. Sie sehen die Tatwaffe ebenso wie die ausgeschnittenen Figuren, an denen die Schwestern gerade arbeiteten.
10 All das fand Kriminalkommissar Dickkopf fast umgehend heraus, doch die Schwierigkeit lag in den Aussagen der drei Schwestern, da jede behauptete: „Ich rannte zur Telefonbuchse und riss das Kabel heraus, deshalb konnte ich nicht sehen, was geschah." Was jeweils von den anderen Schwestern bestätigt wurde.

Dickkopf hatte gerade die ersten Aussagen zu Protokoll genommen, als Wilbur
15 Unisex eintraf, um wie jede Woche mit Knasterbaster Russisches Roulette zu spielen (Wilbur mogelte dabei immer, aber Knasterbaster auch). Dickkopf erzählte ihm, was vorgefallen war, und fragte ihn, welche der Schwestern seiner Meinung nach den Mord verübt hatte.

„Wo haben sie gesessen?", fragte Wilbur Unisex.
20 Dickkopf versah die jeweiligen Stühle mit den Initialen H, M und T. Wilbur hörte aufmerksam zu, betrachtete den Tatort und sagte: „War doch ganz einfach für eine Durchschnittsperson." Die drei Schwestern lächelten ihn an, aber sie wussten eigentlich nicht so recht, warum sie lächelten. Können Sie herausfinden, was Wilbur Unisex meinte?

*Lawrence Treat*

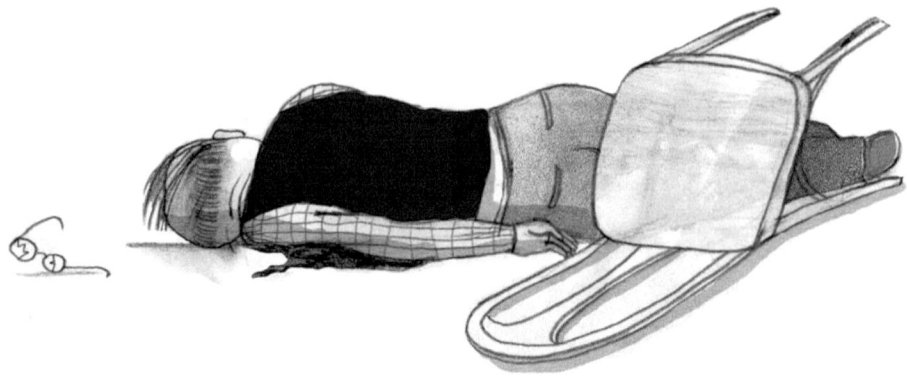

*Fortsetzung auf Seite 27*

**Herzstechen**

**Aufgaben**

1. Beantworte die Fragen mit Hilfe des Bildes. Begründe deine Antworten.

   a) Arbeiten die drei Schwestern gleich schnell?

   _____

   b) Sind die drei Schwestern gleichermaßen geschickt?

   _____

   c) Haben alle drei mit dem Ausschneiden an der gleichen Stelle des Papiers begonnen?

   _____

   d) War die Tatwaffe eine gewöhnliche Schere?

   _____

   e) Wer ermordete Klasterbaster? Hilde, Tilde oder Milde?

   _____

2. Überprüfe dein Ergebnis mit dem Lösungsteil.

# Detektivprofessor Nicky Welt

*Der Detektivprofessor Nicky Welt sitzt mit seinem Freund im Café. Da spricht hinter ihm jemand den folgenden Satz:*

*Nicky Welt schöpft sofort Verdacht …*

**Aufgaben**

1. Welche Schlussfolgerungen über den Sprecher kannst du aus seinem Satz ziehen? Notiere.
   Vergleiche anschließend mit dem Lösungsteil.

   1 _____

   _____

   2 _____

   _____

   3 _____

   _____

   4 _____

   _____

   5 _____

   _____

   6 _____

   _____

   7 _____

   _____

2. Schreibe nun mit Hilfe deiner Schlussfolgerungen aus Aufgabe 1 einen kurzen Krimi,
   an dessen Ende der Sprecher verhaftet wird.

3. Schreibe selbst eine Geschichte, in der ein einziger Satz auf dem Anrufbeantworter,
   ein einziges Geräusch oder ein einziges Foto zur Verhaftung eines Täters führen.

# Die ersten Sätze

*Ein Krimi muss seine Leser sofort fesseln. Es kommt also auf die ersten Sätze an. Die folgenden drei Beispiele stammen aus Romanen der amerikanischen Autorin Patricia Highsmith:*

### Zwei Fremde im Zug

Der Zug jagte dahin in einem zornigen, unregel-
mäßigen Rhythmus. Er musste von jetzt an öfter
und an kleineren Stationen halten, wo er ungeduldig einen Augenblick warten würde, bevor er
5 wieder auf die Prärie losging. Dass man vorwärts-
kam, war kaum zu merken. Wie eine leicht ge-
schüttelte braunrosa Decke wellte sich die Prärie.
Je schneller der Zug fuhr, desto übermütiger
tanzten die Wellenlinien.
10 Guy löste seinen Blick vom Fenster und ruckte
sich wieder in den Sitz zurück.

### Der talentierte Mr. Ripley

Tom blickte sich um. Er sah, dass der Mann aus
dem Grünen Käfig gestürzt kam. Tom ging
schneller. Kein Zweifel, der Mann hatte es auf
ihn abgesehen. Vor fünf Minuten erst war Tom
5 aufgefallen, dass der Mann von einem Neben-
tisch aufmerksam zu ihm herüberäugte – so als
sei er sich noch nicht restlos sicher, aber doch
beinahe. Tom hatte dieses „beinahe" genügt –
hastig hatte er seinen Drink hinuntergegossen,
10 gezahlt und sich empfohlen.

*Patricia Highsmith*

### Der Stümper

Der Mann trug dunkelblaue Hosen und ein
moosgrünes Sporthemd. Ungeduldig stand er in
der wartenden Schlange. Blöd, dachte er. Das
Mädchen an der Kasse ist blöd. Noch nie hat sie
5 ein bisschen schnell machen können. Er neigte
seinen dicken, kahlen Schädel zur Seite, um ins
Innere der hell erleuchteten Vorhalle zu blicken,
und las:
„Heute: DIE GEZEICHNETEN".
10 Interesselos haftete sein Blick an dem Aushang.

**Aufgabe**

1. Welches der drei Bücher möchtest du am liebsten
   weiterlesen?
   Begründe deine Antwort.

**29**

*Fortsetzung auf Seite 30*

**Aufgaben**

2. Schreibe auf, welche Gemeinsamkeiten du zwischen den Romananfängen entdecken kannst.

_____

_____

_____

_____

_____

_____

3. Patricia Highsmith hat erklärt, warum sie ihre Bücher so begonnen hat.
   a) Lies dir die Erklärungen durch und ordne sie den Anfängen auf Seite 29 zu,
      indem du in die Kästchen jeweils eine passende Ziffer schreibst.

   ☐   Dieser Absatz geht über insgesamt X Zeilen fort und wird abgelöst von einem zweizeiligen,
       der die Hauptperson einführt; die ist so rastlos gestimmt wie der Zug.

   ☐   Der Anfang hat nichts Auffälliges und hätte es noch weniger ohne das Wort „ungeduldig".
       Der Mann geht ja nur ins Kino. Warum sollte er da ungeduldig sein? Was hat er?

   ☐   Am Ende der ersten Seite wissen wir, dass sich X in Gefahr fühlt, verhaftet zu werden,
       doch wir wissen nicht, wofür.

   b) Erkläre noch einmal mit eigenen Worten, wie Patricia Highsmith den Leser neugierig macht.

   Der Stümper: _____

   _____

   _____

   _____

   Zwei Fremde im Zug: _____

   _____

   _____

   _____

   Der talentierte Mr. Ripley: _____

   _____

   _____

   _____

4. Schreibe nun selbst einen spannenden Anfang nach dem Vorbild von Patricia Highsmith.

# Ein eigener Ratekrimi

*Eine kurze Geschichte wird erzählt und zum Schluss wird die Frage gestellt: Wer war der Täter? Oder: Wodurch hat sich der Täter verraten? Hier drehen wir das Spiel einmal um und verraten zuerst die Auflösungen aus Wolfgang Eckes Buch „Club der Detektive"…*

**Aufgaben**

1. Lies die Auflösungen und erkläre die Fehler der Täter mit eigenen Worten.

> **1**
>
> Kommissar Watzmann entschied sich für den Clown Hempel. Für dessen Täterschaft sprachen sein Wissen, dass der Diebstahl im Direktionswagen stattgefunden habe und dass der Täter ein Clownskostüm trug. Von beiden Dingen war bis zu diesem Zeitpunkt noch gar nicht die Rede gewesen.

> **2**
>
> Lüge 1: Angeblich wusste er nicht, dass die Schramms verreist waren.
> Dann aber gibt er zu, es drei Tage vorher erfahren zu haben.
>
> Lüge 2: Um 22 Uhr ist er eingestiegen, um 23 Uhr 35 wurde er gefasst.
> Also ist er nicht gleich wieder umgekehrt, wie er behauptete.
>
> Lüge 3: Er war angeblich nicht in der Küche, beteuert später jedoch,
> die Kühlschranktür wieder geschlossen zu haben.

> **3**
>
> Es handelte sich um die Postkarte Nr. 61 mit dem Poststempel Regensburg.
> In Nürnberg aufgeblasen konnte der Ballon nie in Regensburg gefunden werden,
> da der Wind während der ganzen Zeit aus Südost blies, also aus Richtung Regensburg kam.

> **4**
>
> Oxter brauchte zum Restaurant 30 Minuten Fahrzeit. Er verließ die Wohnung
> nach seinen eigenen Angaben um 20 Uhr und entdeckte den Diebstahl um 21 Uhr 15.
> Er hätte demnach also nur 15 Minuten zum Bestellen, Essen und Entdecken
> des Diebstahls gehabt. Und das ist unmöglich!

2. Verfasse zu einer der vier Auflösungen einen passenden Ratekrimi.
   Überlege vorher,
   • wo der Tatort ist und was es an diesem Tatort zu beobachten gibt,
   • wer der oder die Täter sind,
   • welches Motiv die Täter haben (Rache, Eifersucht, Geldgier, Neid …),
   • wer ermittelt (Kommissarin, Meisterdetektiv, Hobbydetektivin …),
   • welche Figuren außer dem wirklichen Täter verdächtigt werden sollen,
   • wie du gut versteckte Hinweise auf den richtigen Täter einbaust.

# Im Netz der Motive

*Es gibt ein Opfer und vier Personen, die als Täter in Frage kommen. Da jeder Verdächtige ein Motiv für die Tat hat, ist es für den Detektiv nicht leicht, den wirklichen Täter zu ermitteln. Du kannst diese typische Situation als Ausgangspunkt für einen eigenen Krimi nutzen.*

**Aufgabe**

1. Schreibe einen eigenen Krimi. Gehe so vor:
   a) Ordne jedem Verdächtigen ein Mordmotiv zu und schreibe es in die vorgesehene Zeile. Als Motive stehen dir *Neid, Eifersucht, Rache* und *Geldgier* zur Verfügung.
   b) Notiere auf den vorgesehenen Zeilen, in welcher familiären oder anderweitigen Verbindung die Verdächtigen zu dem Opfer standen. Überlege dir außerdem, warum die Verdächtigen ihr bestimmtes Motiv haben.
   c) Gib den Verdächtigen einen passenden Namen.
   d) Erfinde zum Schluss noch einen Namen für die Detektivin oder den Detektiv und schreibe deinen Krimi.

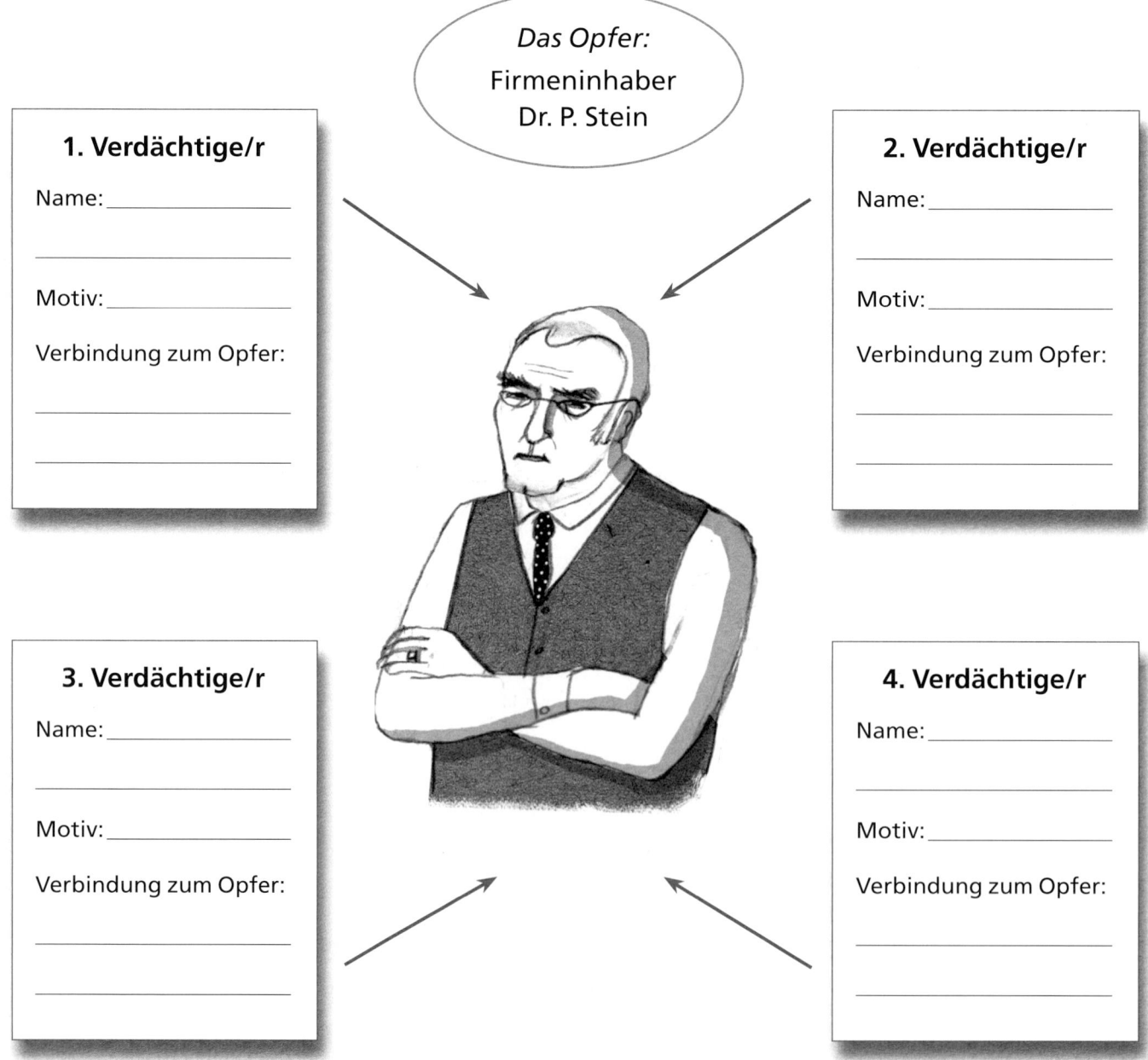

*Das Opfer:*
Firmeninhaber
Dr. P. Stein

**1. Verdächtige/r**

Name:_____

_____

Motiv:_____

Verbindung zum Opfer:

_____

_____

**2. Verdächtige/r**

Name:_____

_____

Motiv:_____

Verbindung zum Opfer:

_____

_____

**3. Verdächtige/r**

Name:_____

_____

Motiv:_____

Verbindung zum Opfer:

_____

_____

**4. Verdächtige/r**

Name:_____

_____

Motiv:_____

Verbindung zum Opfer:

_____

_____

# Alles, was ein Krimi braucht

*Die abgebildeten Würfel zeigen drei wichtige Zutaten für einen Krimi: das Verbrechen, das Tatmotiv und den Ermittler, der das Verbrechen aufklärt. Ein vierter Würfel entscheidet, ob eine Verbrechensgeschichte oder eine Detektivgeschichte entstehen soll.*

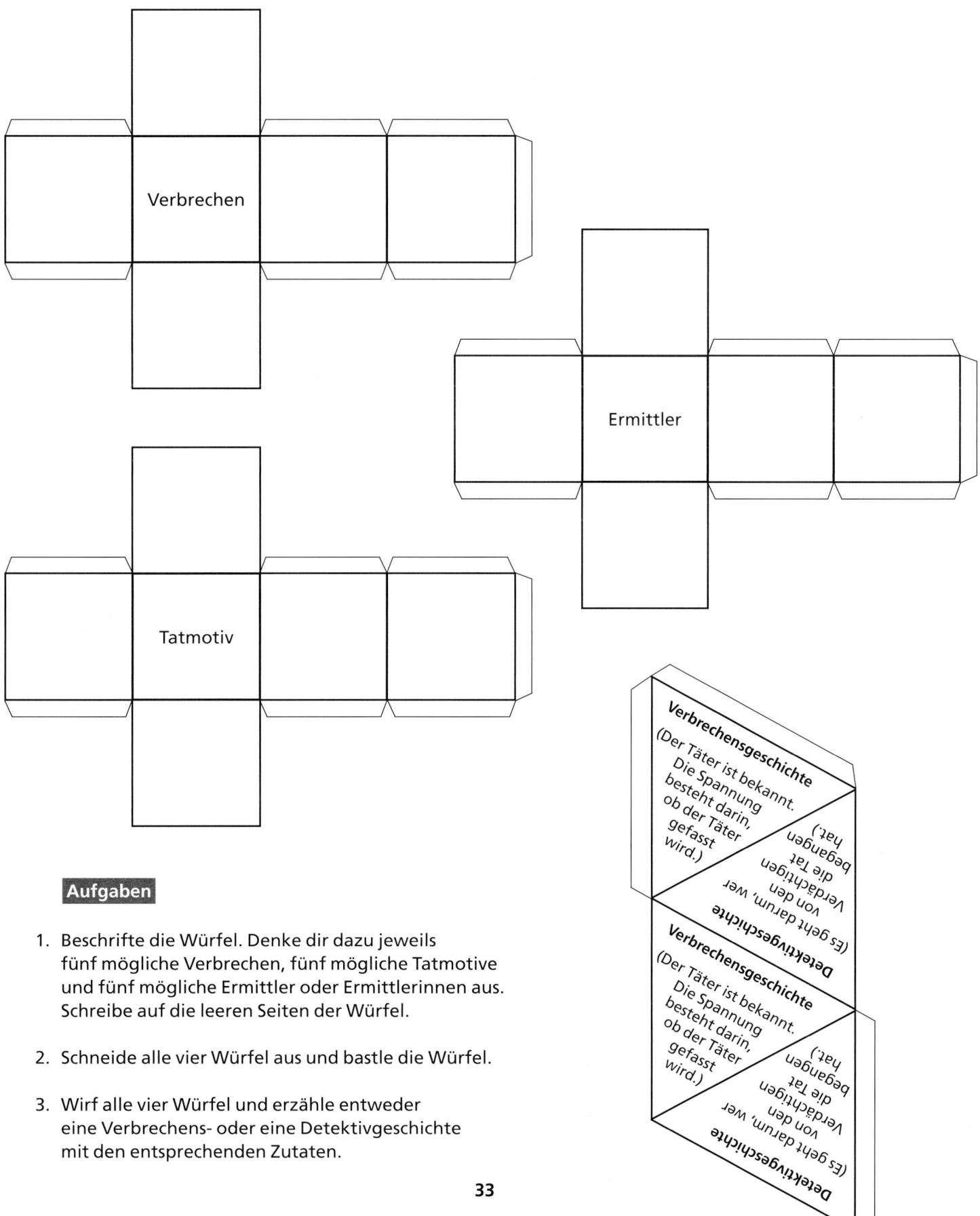

**Aufgaben**

1. Beschrifte die Würfel. Denke dir dazu jeweils fünf mögliche Verbrechen, fünf mögliche Tatmotive und fünf mögliche Ermittler oder Ermittlerinnen aus. Schreibe auf die leeren Seiten der Würfel.

2. Schneide alle vier Würfel aus und bastle die Würfel.

3. Wirf alle vier Würfel und erzähle entweder eine Verbrechens- oder eine Detektivgeschichte mit den entsprechenden Zutaten.

33

# Der verschlossene Raum

*Ein Ermordeter wird in einem Raum gefunden, zu dem alle Zugänge von innen verriegelt sind. Wie kann das sein?*

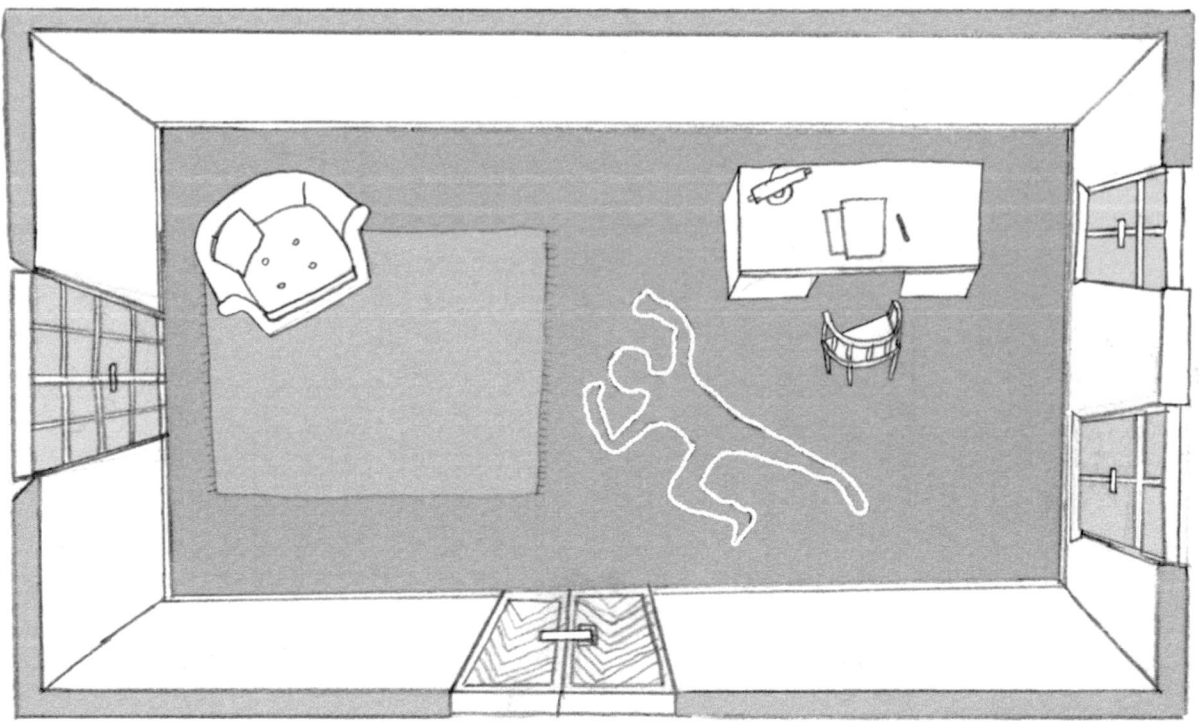

*Der Autor John Dickson Carr lässt seinen Helden Dr. Fell einen Vortrag zu diesem Problem halten. Dr. Fell sieht grundsätzlich drei Möglichkeiten. Möglichkeit A schließt er allerdings gleich wieder aus, weil sie für einen echten Detektiv zu einfach ist.*

**A:** Es gibt noch weitere, unentdeckte und nicht verriegelte Zugänge zu dem Raum.
**B:** Es war kein Mörder im Raum.
**C:** Ein Zugang in den Raum wurde geöffnet und mit einem Trick wieder geschlossen.

**Aufgabe**

1. Welche Erklärungen für Möglichkeit B fallen dir ein?
   a) Notiere mindestens drei Möglichkeiten.

   _____

   _____

   _____

   b) Lies nun die Erklärungen. Sie sind in Spiegelschrift geschrieben.

   > 1. Alles sieht nach Mord aus, aber es war ein Unfall.
   > 2. Es handelt sich um Mord, aber das Opfer wurde dazu gebracht, sich selbst zu töten.
   > 3. Eine kaum zu erkennende mechanische Vorrichtung tötet das Opfer; die Anwesenheit des Täter ist dabei nicht nötig.
   > 4. Ein Selbstmord wird als Mord ausgegeben; die Waffe verschwindet von allein (zum Beispiel ein schmelzender Eiszapfen).

*Fortsetzung auf Seite 35*

**Aufgaben**

2. Kommen wir nun zu Möglichkeit C (Seite 34).
   Wie könnte ein Mörder den Raum verlassen und die Türen trotzdem von innen verschlossen haben?
   Vielleicht hängt das von den Türriegeln ab?
   a) Sieh dir die zwei Zeichnungen an. Beachte dabei auch die Bildunterschrift.

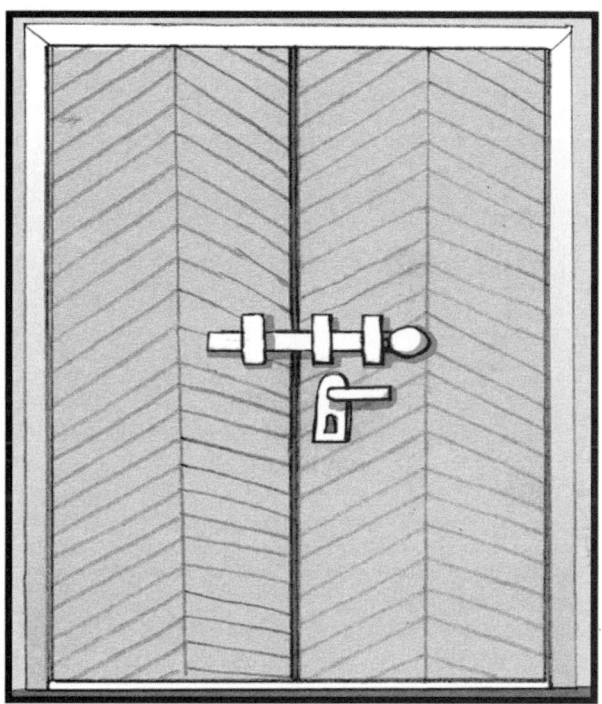

Schieberiegel 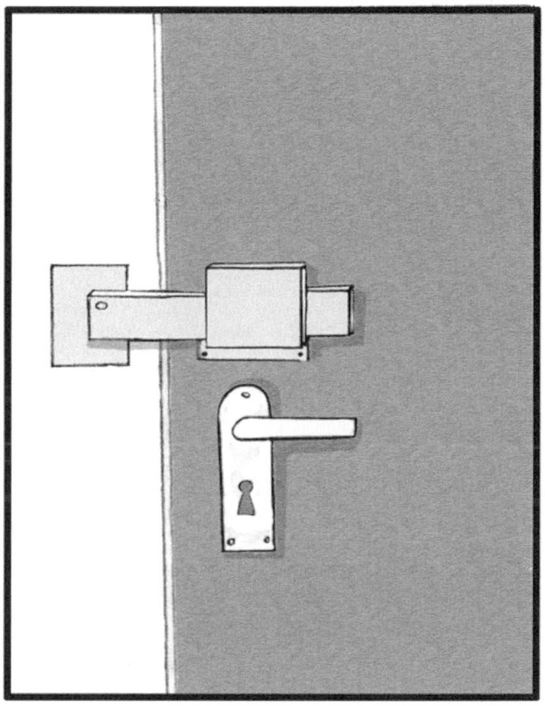                    Fallriegel

   b) Notiere zu jedem Bild eine Möglichkeit, die Tür von innen zu schließen.

   <u>Bild 1:</u> _____

   _____

   <u>Bild 2:</u> _____

   _____

   c) Lies nun die Erklärungen in Spiegelschrift.

   > zu 1: Der Riegel wird mit Hilfe eines Seils vorgezogen. Das Seil wird unter der Tür durchgezogen.
   > zu 2: Zwischen Fallriegel und Einrastevorrichtung liegt etwas, das von außen entfernt werden
   > kann oder verschwindet (Eis).

3. Schreibe selbst einen Krimi mit dem Titel „Der verriegelte Raum".

35

# Der richtige (Tat-)Ort

*Bei der Planung eines Krimis ist die Auswahl des Ortes, an dem die Geschichte spielen und die Tat begangen werden soll, besonders wichtig.*

**Aufgaben**

1. Diskutiert über die Vor- und Nachteile, die die folgenden Handlungsorte
   für Täter und Ermittler in einem Krimi haben.

*Haus auf dem Land*

*Universität*

*Schiff*

*Fabrik*

2. Was für Typen von Tätern, Opfern und Ermittlern passen zu den Orten? Notiere.

   Haus auf dem Land: _____

   Universität: _____

   Schiff: _____

   Fabrik: _____

3. Krimiautoren versuchen immer wieder, den Kreis der möglichen Täter zu begrenzen.
   Eine Möglichkeit dazu bietet ein Handlungsort, an dem zur Tatzeit niemand hinzu- oder
   wegkommen kann. Zähle solche Orte auf.

   _____

   _____

# Schauplatz: Bonn?!

*Seit den Detektivgeschichten um Sherlock Holmes wissen wir, dass London mit seiner besonderen Atmosphäre, dem ewigen Nebel und Regen, der ideale Schauplatz für ein Verbrechen ist. Was aber ist mit weniger berühmten Orten, zum Beispiel mit der kleinen Stadt Bonn? Der Autor Georg R. Kristan zeigt, dass auch so ein Ort seinen kriminalistischen Reiz hat. Die Handlung spielt übrigens zu einer Zeit, als Bonn noch Bundeshauptstadt war.*

**Aufgabe**

1. Verschaffe dir einen Überblick über den Schauplatz „Bonn".
   a) Lies die Textauszüge auf Seite 37 und 38 und markiere alle Ortsangaben und Ortsbeschreibungen.
   b) Orientiere dich mit Hilfe der Karte.

## Textauszug 1

Das Rhein-Center galt als gute Adresse für Unternehmen, die in Bonn einen Namen haben wollten. Aus der dreizehnten Etage des Geschäftshochhauses hatte man einen Blick weit über die Stadt. Angeknüpft
5 an die Adenauerallee, doch eingeengt zwischen den Schienensträngen der Bundesbahn und dem Bett des Rheins, lag im Norden das alte Bonn mit der Brücke nach Beuel. In östlicher Richtung, von oben herab, sahen die Repräsentanten der Wirtschaft auf das zu
10 ihren Füßen liegende Regierungsviertel mit Parlament und Kanzleramt, mit den Vertretungen der Bundesländer und der Vielfalt der Villen von Verbänden und Lobbyisten.
Wohltuend abgesetzt durch viel Grün blieb das Haus
15 des Bundespräsidenten, die Villa Hammerschmidt, den Niederungen des politischen Alltags entrückt.
Wann immer das Auge des Beobachters an den Stockwerken des Abgeordnetenhochhauses „Der lange Eugen" hinaufwanderte, drängte sich der Eindruck auf, dass ein kurzer Eugen die Silhouette des Sieben- 20 gebirges weniger angekratzt hätte.
Weiter nach Süden hin ließen das klotzige Polizeipräsidium und der weitläufige Rheinauenpark beim Betrachter sehr unterschiedliche Gefühle aufkommen. Der Stadtbezirk Bad Godesberg vermittelte den 25 Eindruck menschlich-bürgerlicher Dimensionen. Im Westen dann steil aufsteigend die Hänge des Venusberges mit den teuren Wohngebieten und dem weiten Areal der Universitätskliniken.
Arno von Sendenstein, Diplomingenieur und Chef 30 der Koordinata-Bonn, schritt von Fenster zu Fenster des Stirnzimmers der Geschäftsetage und erläuterte seinem Gast das Panorama. […] „Großartig!", sagte er (der Gast). „Wirklich großartig; wir sitzen ja mittendrin – wie die Spinne im Netz." 35

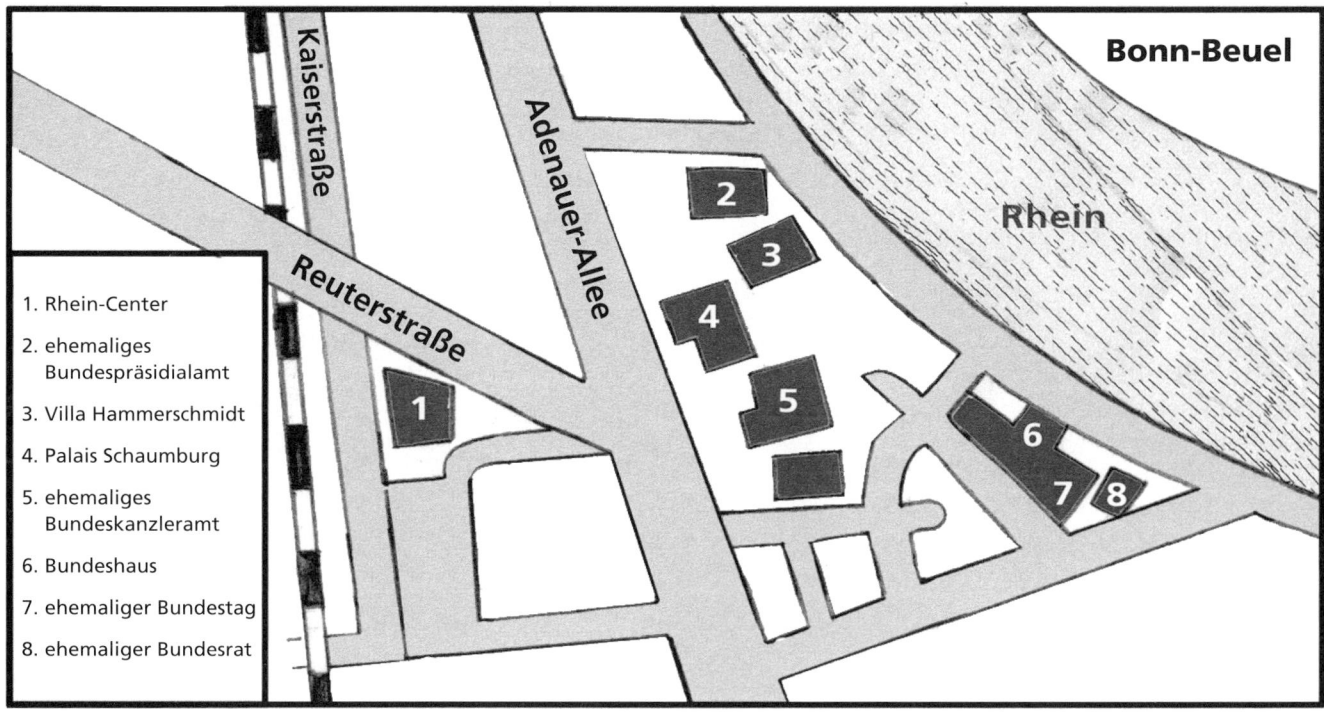

1. Rhein-Center
2. ehemaliges Bundespräsidialamt
3. Villa Hammerschmidt
4. Palais Schaumburg
5. ehemaliges Bundeskanzleramt
6. Bundeshaus
7. ehemaliger Bundestag
8. ehemaliger Bundesrat

*Fortsetzung auf Seite 38*

### Textauszug 2

Über dem Godesberger Stadtwald lag der Tau des frühen Morgens. Wenige Minuten nach fünf Uhr hatte Vorarbeiter Lehmacher seinen „Jüngling", den Lehrling Uwe, mit einem kurzen „Auf geht's" begrüßt
5 und den Holder A 80 angeworfen. Die beiden wollten mit dem Traktor Stämme zum Verladen zusammenholen, damit endlich das Restholz abgefahren werden konnte. Das Revier sollte proper sein, denn hier, auf der für Kraftfahrzeuge gesperrten Venner
10 Straße, einem schmalen geteerten Waldweg quer durch den Naturpark Kottenforst-Ville, joggten oder wanderten die gesundheitsbewussten Bewohner des „Millionenhügels", wie der benachbarte Ortsteil Schweinheim genannt wird. Höhere Quadratmeter-
15 preise wurden in keiner Wohngegend Bonns gezahlt. Doch die wenigen unbebauten Grundstücke an der Grenze des Waldes waren in fester Hand. Die feinere Gesellschaft blieb unter sich. Die Errichtung der Sowjetischen Botschaft auf der nahen Viktorshöhe
20 hatte zwar einige Unruhe durch die Bauarbeiten gebracht, aber jetzt fühlte man sich mehr gestört durch den Verkehr zum Waldkrankenhaus und zum Reha-Zentrum. Doch es traf nur wenige, die das Pech hatten, unmittelbar an der Straße gebaut zu haben.

„Vorsicht mit der Kette", rief Lehmacher, als Uwe 25 den ersten Stamm anhängte, „sonst ist die Pfote futsch."
„Fertig", meldete dieser und kam angelaufen, um sich auf die Traverse des Holders zu stellen. Das war zwar nicht erlaubt, aber durchaus üblich. Lehmacher 30 gab Gas und fuhr in Richtung Parkplatz Katharinenhof. Der angehängte Stamm tanzte auf dem Asphalt von einer Fahrbahnseite zur anderen. Gut zweihundert Meter weiter, am Schutzhäuschen, sollten die Stämme gesammelt und von dort in den nächsten 35 Tagen abgefahren werden.
Uwe schaute zurück und verfolgte den Schlangentanz des Holzes. Plötzlich ein harter Ruck – der Motor heulte auf und erstarb. Uwe verlor den Halt und fiel rücklings auf die Straße. Unversehrt, aber wütend 40 sprang er auf die Füße und lief auf Lehmacher zu. Sein Protestruf jedoch blieb ihm in der Kehle stecken; abwehrend riss er die Arme hoch: „Um Gottes willen, nein! Nein!" Wenige Meter vor ihm hing ein menschlicher Körper im Geäst des Baums. 45

**Aufgaben**

2. Erkläre, warum Arno von Sendenstein seinen Gast zu Beginn des Romans an das Panoramafenster führt. Welche Funktion hat diese Szene für den Leser?

3. Welchen Reiz hat es deiner Ansicht nach, einen Krimi in einer kleinen Stadt wie Bonn spielen zu lassen? Anworte mit Hilfe des ersten Textauszugs.

4. Begründe, warum sich der Handlungsort im zweiten Textauszug gut als Fundort für die Leiche eignet.

5. Warum bemühen sich Krimiautoren darum, Handlungsorte besonders genau zu beschreiben? Schreibe deine Vermutungen auf.

6. Stell dir vor, ein Krimi-Verlag muss sparen und bittet dich, den Krimi von Georg R. Kristan umzuschreiben. Du sollst dabei einfach nur den Handlungsort in deine Heimatstadt verlegen.
   a) Beschreibe deine Heimatstadt nach dem Vorbild von Textauszug 1 so genau wie möglich.
   b) Überlege dir einen geeigneten Fundort für die Leiche und beschreibe ihre Entdeckung nach dem Vorbild von Textauszug 2.

*Fortsetzung auf Seite 39*

**Schauplatz: Bonn?!**

**Aufgabe**

7. Erstellt gemeinsam eine kriminalistische Reiseausstellung. Geht so vor:
   a) Besorgt euch verschiedene Krimis, zum Beispiel aus Büchereien.
   b) Prüft, an welchem Handlungsort die Krimis spielen und sucht jeweils Textstellen
      mit Beschreibungen der Handlungsorte heraus.
   c) Sucht nach Material über die Handlungsorte, zum Beispiel in Reiseprospekten
      oder im Internet. Sammelt Fotos, Stadtpläne, Postkarten usw.
   d) Gestaltet mit eurem Material und den Textauszügen Plakate zu verschiedenen Handlungsorten.
      Ein Beispiel für den Handlungsort „Venedig" seht ihr hier:

*Handlungsort: Venedig*

*Autorin: Donna Leon*
*Ermittler: Commissario Brunetti*

Donna Leon

Textauszug:

Textauszug:

Textauszug:

# Falsche Fährten legen

*Was ist das Peinlichste für einen Detektivroman? Richtig: Wenn der Leser bereits nach wenigen Seiten mit Sicherheit weiß, wer der Täter ist. Eine wichtige Aufgabe des Autors ist es daher, den Leser auf falsche Fährten zu locken. „Red Herrings", rote Heringe, nennt man diese falschen Fährten. Mit welchen Erzähltricks die Autoren dabei arbeiten, wird hier verraten.*

**Aufgabe**

1. Links findest du Erzähltricks, rechts Krimi-Zitate.
   Ordne sie einander zu, indem du die Zitate entsprechend nummerierst.

**1** Eine Information kann unterschiedlich interpretiert werden.

**2** Der Leser wird durch Emotionen gelenkt.

**3** Der Leser erhält absichtlich (durch einen Verdächtigen) oder unabsichtlich (durch einen Helfer) falsche Informationen.

**4** Dem Leser werden Informationen vorenthalten.

**5** Der Leser wird durch die Menge der Informationen überfordert.

**6** Die Lösung ist so ungewöhnlich, dass der Leser nicht darauf kommt.

„Das Mädchen hat mir niemals gefallen. Ihr Benehmen ist schwer zu ertragen. Sie ist mir regelrecht unangenehm."

„Ich wende mich an alle. Sagen Sie mir die Wahrheit – die volle Wahrheit. Was Sie mir bisher aufgetischt haben, sind Ammenmärchen. Halten Sie mich bitte nicht für dumm!"

„Ich weiß nicht, was ich aus diesem Hinweis machen soll. Manchmal denke ich, es ist nur im Traum passiert, manchmal glaube ich, hier liegt der Schlüssel zur Lösung. Es war die Frau oder der Neffe oder…"

„Zwölf Geschworene, zwölf Passagiere, zwölf Einstiche. Es war nicht einer, es waren zwölf Täter."

Der Detektiv nahm ein Blatt Papier aus der Tasche. Er lächelte überlegen. „Dies ist eine Karte der Londoner Kanalisation."

„Da waren eine Schachtel Zigaretten und Streichhölzer, ein Kerzenstummel, eine Pfeife, ein Tabakbeutel, ein silberner Brieföffner, fünf Goldstücke, zwei Pässe mit demselben Foto und unterschiedlichen Namen, ein paar Papiere und eine Haarlocke …"

*Fortsetzung auf Seite 41*

**Falsche Fährten legen**

*Besonders häufig verwenden Krimiautoren mehrdeutige und irreführende Informationen: Ein Verdächtiger sagt nicht die ganze Wahrheit oder lenkt gekonnt von sich ab, ein Beweisstück scheint auf einen bestimmten Verdächtigen hinzudeuten, der es aber nicht war, usw.*

**Aufgaben**

2. Hier findest du einige irreführende Informationen und den dazugehörigen naheliegenden, aber falschen Deutungsversuch. Bevor du die Lösung in Spiegelschrift liest, versuche zuerst selbst herauszufinden, was die Informationen wirklich bedeuten könnten.

| Information | Das müsste doch bedeuten ... | In Wirklichkeit bedeutet es aber ... |
|---|---|---|
| „Ich tat das Wenige, was zu tun übrig blieb, wobei ich sorgsam bemüht war, die Lage des Leichnams und den Griff des Dolches nicht zu berühren." | Der Mann sichert den Tatort, um ihn nicht zu verändern. | Abgesehen vom Toten, der erstochen wurde, beseitigt er im Zimmer wichtige Beweise. |
| Ein Taschentuch mit den Initialen „H. B." wird gefunden. | Die Initialen weisen auf den Täter hin, zum Beispiel „Hans Bauer". | Es handelt sich um kyrillische Buchstaben, die man mit „N. W." übertragen müsste. |
| Das Türschloss wurde aufgebrochen. | Der Täter war ein Fremder, der sich Einlass verschafft hat. | Jemand, der eigentlich im Besitz des Schlüssels ist, will von sich ablenken. |

3. Erfinde selbst eine irreführende Information.
   Notiere dazu, wie die Information wahrscheinlich gedeutet wird und was sie wirklich bedeutet.

Information: _____

_____

_____

Das müsste bedeuten: _____

_____

_____

Es bedeutet aber: _____

_____

_____

# Figuren entwickeln

*Täter, Opfer, Verdächtige, Zeugen, Ermittler – ein Krimiautor muss viele Figuren entwickeln. Das Wichtigste dabei ist, dass die Figuren in ihren Rollen glaubwürdig und interessant sind. Außerdem sollte auch die Beziehung der Figuren untereinander stimmig und spannend sein.*

**Aufgaben**

1. Eine Empfehlung für die Entwicklung der Täter-Figur lautet: Der Täter sollte aus dem „Mittelgrund" (also nicht aus dem Vorder- oder Hintergrund) der Geschichte stammen.
   Erkläre mit eigenen Worten, was der Grund für diese Empfehlung sein könnte.

2. Viele Autorinnen und Autoren entwerfen für ihre Figuren umfangreiche Lebensläufe oder Lebensgeschichten. Hier kannst du selbst eine Krimi-Figur entwerfen. Gehe so vor:
   - Bestimme eine Zeit, zu der die Geschichte spielen soll. Das kann zum Beispiel das Jahr 2000 sein, du kannst aber auch ein bestimmtes Ereignis, eine Jahreszeit oder sogar die Uhrzeit festlegen.
   - Entscheide dich für einen Tatort. Das kann zum Beispiel ein Stadtteil oder auch ein Haus sein. Bedenke vorher, wie viele Personen Zugang zu diesem Ort haben.
   - Die ganze Handlung musst du dir jetzt noch nicht ausdenken. Eine kurze Darstellung der Tat und des Tatmotivs reicht aus.
   - Wähle nun eine Krimi-Figur (Opfer, Täter, Ermittler …) und fülle den Steckbrief aus. Achte dabei darauf, dass deine Figur zu deinen Entscheidungen bei Zeit, Ort und Handlung passt.

## Figur

**Zeit:**

_____

⬌

**Ort:**

_____

⬌

**Handlung:**

_____
_____
_____
_____
_____
_____
_____
_____
_____

⬌

Rolle in der Handlung: _____

Name: _____

Alter: _____

Familienstand: _____

Soziale Bindungen: _____

Bildungsgrad: _____

Beruf: _____

Aussehen: _____

_____

Ziele im Leben: _____

Ängste: _____

Charakterschwächen: _____

_____

Lieblingsessen: _____

Krankheiten: _____

Entwicklung im Laufe der Handlung: _____

_____

# Detektivinnen und Detektive vorstellen

*Der folgende Textauszug stammt aus einem Interview, das die Zeitschrift „Brigitte" mit der Autorin Valerie Wilson Wesley geführt hat.*

BRIGITTE:
Tamara Hayle ist allein erziehende Mutter und die erste schwarze Privatdetektivin in der Kriminalliteratur. Wie kamen Sie auf die Idee, diese Figur zu
5 erschaffen?

VALERIE WILSON WESLEY:
Als ich Redakteurin bei dem schwarzen Magazin „Essence" war, habe ich viele verschiedene soziale Milieus kennen gelernt und mitbekommen, dass
10 sich die meisten allein erziehenden Mütter mit Geldsorgen rumschlagen müssen: Der Durchschnittsverdienst einer Frau in den USA ist 30 000 Dollar im Jahr. Mir fiel es nicht so schwer, mir vorzustellen: Was wäre, wenn ich Single-Mutter
15 wäre und kein Geld hätte? Was wäre, wenn ich in einem heruntergekommenen Stadtviertel leben müsste? So entstand Tamara, mit der ich einer afroamerikanischen allein erziehenden Mutter um die 30 eine Stimme gebe. – Sie ist ständig plei-
20 te, aber sie hat ihre eigene Detektei aufgebaut.

## Aufgaben

1. Liste stichwortartig auf, was du in dem Interview über Tamara Hayle erfährst.

_____

_____

2. Das Interview lässt manche Fragen offen. Was würdest du gerne noch über Tamara Hayle wissen? Stelle der Autorin Valerie Wilson Wesley Fragen zu Tamara Hayle.
   *1. Was hat Tamara Hayle gemacht, bevor sie Detektivin wurde?*
   *2. Wie viele Kinder hat Tamara?*
   …

3. Informiere dich im Internet, zum Beispiel auf der Seite *www.krimi-couch.de,* oder in Buchhandlungen über die Detektivin Tamara Hayle. Notiere alle neuen Informationen, die du erhältst, und versuche, möglichst viele deiner Fragen aus Aufgabe 2 zu beantworten.

4. Fasse für den Klappentext eines Tamara-Hayle-Krimis noch einmal kurz zusammen, was das Besondere und Unverwechselbare an dieser Detektivin ist.

5. Gestalte für eine Zeitschrift ein Porträt zu einem Detektiv/einer Detektivin deiner Wahl.
   • Liste auf, welche Informationen in deinem Porträt unbedingt vorkommen sollen.
   • Lege eine Reihenfolge fest, in der du Informationen weitergeben willst.
   • Notiere, welches zusätzliche Material mit abgedruckt werden könnte.

# Cyril Hare: Ein perfekter Mord – eine Verbrechensgeschichte

Zu einem Mord gehören mindestens zwei. Das Seelenleben des Mörders ist schon oft genug untersucht worden; was aber einen Mann dazu qualifiziert, ermordet zu werden, ist ein seltener erörtertes Thema,
5 obwohl es vielleicht manchmal interessanter wäre.
Derek Walton, der an einem dunklen Dezemberabend von Ted Brackley in Boulter's Mews[1], Mayfair, getötet wurde, war für seine Rolle in jenem ziemlich schmutzigen, gemeinen kleinen Drama einmalig
10 geeignet. Er war ein gut gewachsener junger Mann, einen Meter und dreiundsiebzig Zentimeter groß, mit dunklem Haar und haselnussbraunen Augen. Er trug einen kleinen, bürstenartigen Schnurrbart und hinkte leicht beim Gehen. Er war bei Mallard be
15 schäftigt, jener kleinen blühenden Juwelenhandlung ganz in der Nähe der Bond Street, und zur Zeit seines Todes trug er in einer seiner Taschen ein Päckchen mit wertvollen Brillanten, die er in Mallards Auftrag nach Birmingham zum Neufassen bringen
20 sollte. Wie nicht anders zu erwarten, ergaben die Brillanten das Motiv für den Mord; aber Walton wäre nicht zu eben diesem Zeitpunkt und auf diese Art gestorben, wäre er fett oder blauäugig oder größer als einsdreiundsiebzig gewesen, denn Brackley war ein
25 vorsichtiger Mensch. Und noch eine andere Tatsache gab es in Waltons Leben, die schließlich und letzten Endes die Waagschale zu seinen Ungunsten ausschlagen ließ – durch seine Leidenschaft für Windhundrennen war er tief in Wettschulden gera
30 ten.
Es gab nur sehr wenig, was Brackley nicht über Walton wusste, nachdem er ihn über einen Zeitraum von mehreren Monaten sorgfältig studiert hatte. Geduldig und ohne jede Gewissensbisse hatte er sein
35 Opfer aus jedem nur möglichen Blickwinkel heraus beobachtet. Jede Einzelheit in seiner Erscheinung, seiner Gangart und Sprechweise bis zu den unbedeutendsten Gesten hatte er sich mit einer Hingabe eingeprägt, wie sie selbst ein Liebhaber seiner Angebete
40 ten gegenüber nicht hätte aufbringen können. Als Mensch mit festen Gewohnheiten war Walton ein leichtes Ziel für Beobachtungen, und den Zeitpunkt seines Kommens und Gehens kannte Brackley schon lange auswendig. Brackley wusste alles über Waltons
45 Nachtquartiere in West-London, die Kneipen, die er regelmäßig besuchte, die Buchmacher, die er bevorzugte, seine heimlichen und uninteressanten Liebesaffären. Mehr als einmal war er ihm nach Birmingham gefolgt, wo seine Eltern lebten; bis vor die
50 Türschwelle von Walkinshaws war er ihm nachgegangen, jener großen Juwelierfirma, wo die vortrefflichen Geschmeide angefertigt wurden, welche das Ansehen des alten Nicholas Mallard begründet hatten. Das Einzige, was er nicht genau kannte – so dachte Brackley, als er im Schatten von Boulter's 55 Mews wartete – waren Waltons Gedankengänge. Aber das war eine gänzlich unbedeutende Einzelheit – so unbedeutend wie die Gefühle eines äsenden Hirsches für einen pirschenden Jäger in dem Augenblick, wo er den Finger am Abzug krümmt. 60
Walton war an diesem Abend später als gewöhnlich. Brackley warf einen schnellen Blick auf seine Armbanduhr und runzelte die Stirn. In zehn Minuten musste der wachhabende Polizist auf seiner Runde am Ende der Mews erscheinen. Er entschied sich, 65 dass er höchstens noch zwei Minuten warten durfte. Danach würde der Zeitraum für die sichere Durchführung seines Planes zu kurz sein, und das Unternehmen müsste für diesen Abend abgeblasen werden. Zweifellos würde sich später eine neue 70 Gelegenheit bieten, und er konnte es sich leisten zu warten; trotzdem wäre es jammerschade, denn die Bedingungen waren sonst einfach ideal. Die Geschäfte hatten geschlossen, und die Schritte der letzten Gehilfen und Büroangestellten waren längst ver 75 hallt. Der Ansturm des Vergnügungsverkehrs nach Westend hatte noch nicht eingesetzt. Ein schwacher Dunst, zu dünn, um Nebel genannt zu werden, begann von den feuchten Trottoirs aufzusteigen. Was zum Kuckuck hielt denn Walton auf? 80
Dreißig Sekunden fehlten noch bis zum Ablauf der zwei Minuten, als Brackley das Geräusch vernahm, auf das er wartete. Er hörte, wie etwa sechzig Schritte entfernt, in der Fentiman Street, die Hintertür von Mallards Geschäft geschlossen wurde und der Schlüs 85 sel im Schloss rasselte, als Walton hinter sich zusperrte. Offenbar ging er wie gewöhnlich als Letzter aus dem Laden. Dann trat eine Pause ein, lange genug, um Brackley zweifeln zu lassen, ob sein Opfer ihn im Stich lassen und sich dazu entscheiden wür 90 de, dem Bogen der Bond Street zu folgen, anstatt wie gewöhnlich den kurzen Weg durch die Mews zu nehmen. Doch dann hörte er die unverwechselbaren, hinkenden Schritte auf sich zukommen. Als er rückwärts in den offenen Torweg hinter sich schlüpfte, 95 bemerkte er, dass die Schritte entschieden schneller als sonst klangen. Das war nicht sehr günstig, da alles von einer genauen Zeiteinteilung abhing. Jetzt, in diesem kritischen Augenblick, den er so lange vorbereitet, so oft geprobt hatte, würde er vielleicht 100 improvisieren müssen – und Improvisation war gleichbedeutend mit Risiko. Brackley hatte sich

1 Mews : mittelalterliche, enge Gassen

**44**

*Fortsetzung auf Seite 45*

unendlicher Mühe unterzogen, um jedes Risiko in dieser Sache auszuschalten. Der Gedanke daran war
105 ihm unangenehm.

Wie es sich herausstellte, hätte er sich keine Sorgen zu machen brauchen. Alles verlief vollkommen nach seinem Plan. Als Walton den Torweg passierte, trat Brackley hinter ihm heraus. Ein schneller Blick nach
110 beiden Seiten versicherte ihm, dass die Mews verlassen war. Gleichzeitig mit seinem Opfer machte er zwei geräuschlose Schritte. Dann schlug er einmal mit dem gummiüberzogenen Kabelende zu, genau hinter das rechte Ohr, wie er es sich vorgenommen
115 hatte, und Walton fiel ohne einen Laut vornüber.

Der Körper berührte nicht den Boden. Schon während er den Schlag ausführte, war Brackley vorgesprungen, hatte Walton den linken Arm um die Hüfte gelegt und ihn aufgefangen. Einen Augenblick
120 blieb er so stehen und stützte ihn, dann warf er sich den Körper mit einem Schwung über die Schulter und trug ihn in den Eingang, aus dem er gekommen war. Der ganze Vorgang hatte nicht länger als zehn Sekunden gedauert. Außer dem dumpfen Auftreffen
125 des Schlages und dem schwachen Klappern des kleinen Koffers, den Walton im Tode hatte fallen lassen, hatte kein Geräusch die Stille der Nacht durchbrochen. Der Koffer und Waltons Hut lagen Seite an Seite in der Gosse und bildeten die einzigen Zeugen
130 des Geschehens. Innerhalb kürzester Frist war Brackley wieder herausgeschossen und hatte sie an sich genommen. Leise schloss sich die Tür hinter ihm. Boulter's Mews war schweigsam wie ein Grab und leer wie eine Gedenkstätte.
135 Etwas schwer atmend von der Anstrengung, aber sonst völlig kühl, machte sich Brackley beim Licht einer Taschenlampe schnell an die Arbeit. Er befand sich jetzt in einer kleinen Garage, deren legitimer Mieter er war. Die Leiche hatte er auf eine grobe De-
140 cke hinter die rückwärtige Tür eines kleinen Lieferwagens gelegt, dessen Papiere auf seinen Namen lauteten. Der Totschläger lag daneben. Es war nur wenig Blut geflossen, und er hatte dafür gesorgt, dass es von der Decke aufgesaugt worden war. Schnell und me-
145 thodisch untersuchte er Waltons Taschen. Wie er erwartet hatte, befanden sich die Brillanten in einem kleinen versiegelten Paket in einer Innentasche der Jacke. Eine braune, lederne Brieftasche enthielt Waltons Personalausweis, ein paar Pfundnoten und eini-
150 ge persönliche Papiere.

Und dann kam eine angenehme Überraschung. In einer Gesäßtasche, zusammen mit einem billigen Zigarettenetui, steckte ein dickes Bündel Pfundnoten. Brackley hielt sich nicht damit auf, sie zu zäh-
155 len; aber er schätzte, dass es ungefähr hundert waren.

Er grinste in die Dunkelheit. Andere Verabredungen hatten ihn in den beiden letzten Wochen gezwungen, Walton allein zu den Hunderennen gehen zu lassen. Augenscheinlich hatte sein Glück im Spiel sich gewendet – gerade zur rechten Zeit. Er stopfte 160 die Geldscheine zusammen mit den anderen Dingen in seine Taschen. Dann betrachtete er sorgfältig von Kopf bis Fuß das Äußere des Toten.

Was er sah, befriedigte ihn vollkommen. Walton, dieser Gewohnheitsmensch, hatte sich für seine Ar- 165 beit an diesem Tage dieselben Kleider angezogen wie immer. Die Kleidung, die Brackley jetzt trug, war genau die gleiche. Brackleys Schultern waren nicht ganz so breit wie Waltons, aber ein Paar kleine Polster in der Jacke hatten den Unterschied verschwin- 170 den lassen. Brackley maß auf Strümpfen nur einen Meter und siebzig, aber in den Schuhen, die er für dieses Unternehmen vorbereitet hatte, sah er genauso groß aus wie Walton. Eine leichte Tönung hatte die geringe Verschiedenheit in der Farbe ihrer Haare 175 beseitigt. Brackley strich über den kleinen, bürstenartigen Schnurrbart, den er sich während des letzten Monats hatte wachsen lassen, und kam zu dem Ergebnis, dass die Ähnlichkeit ausreichen würde.

Ein zufälliger Beobachter würde nicht vermutet 180 haben, dass der Mann, der mit einem kleinen Koffer in der Hand aus dem südlichen Ende der Mews hinkte, ein anderer sein könnte als derjenige, der vor knapp fünf Minuten die Gasse von Norden her betreten hatte. Der Zeitungsverkäufer in der Bond Street 185

*Fortsetzung auf Seite 46*

jedenfalls merkte nichts. Automatisch streckte er ihm die von Walton regelmäßig gekaufte Abendzeitung entgegen, automatisch machte er die gleiche banale Bemerkung über das Wetter wie jeden Abend und hörte ohne Entgegnung die Antwort in einer ausgezeichneten Imitation von Waltons mittelenglischem Akzent. Das Glück wollte es, dass eben in diesem Augenblick ein Polizist vorbeikam. Er würde sich an diese Begebenheit erinnern, falls der Zeitungsverkäufer es vergessen sollte. Waltons Erscheinen in der Bond Street war nun unerschütterlich bewiesen; er brauchte jetzt nur noch eine deutliche Fährte nach Birmingham auszulegen.

Ein Taxi erschien im rechten Augenblick, Brackley hielt es an und stieg ein. Gerade laut genug, dass der Polizist es hören könnte, gab er dem Chauffeur den Auftrag, nach Euston zu fahren. Um ganz sicherzugehen, fragte er ihn auch, ob er den Zug um 18.55 Uhr nach Birmingham noch erreichen würde und dankte mit überschwänglicher Erleichterung, als der Chauffeur ihm versicherte, dass er noch reichlich Zeit hätte.

Walton hatte stets den Zug um 18.55 Uhr nach Birmingham genommen und war erster Klasse auf Kosten der Firma gereist. Brackley tat das Gleiche. Mit ein wenig übertriebener Umständlichkeit und einem etwas zu hohen Trinkgeld bemühte er sich, bei dem Gepäckträger, der seinen Koffer zum Zug brachte, eine Erinnerung an sein Erscheinen auf dem Bahnhof zu hinterlassen. Walton hatte immer im Speisewagen gegessen. Brackley war sich nicht ganz klar darüber, ob er die Verkörperung Waltons damit auf die Spitze treiben sollte. Der Wagen war hell erleuchtet, und Kellner haben gewöhnlich scharfe Augen und ein gutes Gedächtnis. Er entschloss sich, es zu wagen, und brauchte es auch nicht zu bereuen. Der Tischkellner fragte ihn, ob er wie gewöhnlich ein Guinness trinken wolle, und bemerkte, dass er ihn seit längerer Zeit nicht mehr gesehen habe. Hätte er seitdem nicht etwas abgenommen? Brackley stimmte zu und bemühte sich, bei der Antwort nicht seine Zähne zu zeigen, die etwas unregelmäßiger als Waltons Zähne waren. Dann schlürfte er geräuschvoll sein Bier, wie Walton es zu tun pflegte. Kurz bevor der Zug in den Bahnhof von New Street einlief, verließ er den Speisewagen und nahm sich dabei in Acht, das Hinken nicht zu übertreiben.

Auf dem Wege zu seinem Abteil wiegte er sich in dem selbstbewussten Stolz eines guten Schauspielers, dessen Rolle ein voller Erfolg gewesen ist. Was nun noch zu tun übrig blieb, war verhältnismäßig einfach, und auch das hatte er mit der gleichen methodischen Sorgfalt vorbereitet wie alles andere bisher.

Am Bahnhof New Street würde Walton plötzlich und endgültig verschwinden. Sein Koffer würde in die Gepäckaufbewahrung wandern und zweifellos im ordnungsgemäßen Verlauf der Nachforschungen entdeckt werden, wenn die Jagd nach ihm begonnen hatte. Durch sorgsam ausgekundschaftete Nebenstraßen würde Brackley sich vom Bahnhof zu dem möblierten Zimmer begeben, um dort Kleidung und Identität zu wechseln. Am nächsten Tag, in London, würde der Lieferwagen, in dem Waltons Körper zurzeit steif wurde, unauffällig von Boulter's Mews zu einer Garage in Kent fahren, wo ein Ruheplatz für ihn unter einer fünfzehn Zentimeter starken Schicht frisch gelegten Zements vorbereitet war. Nichts würde diese unverdächtige Fahrt mit einem jungen Mann in Verbindung bringen, den man zum letzten Mal in einer Entfernung von hundertsechzig Kilometern in der entgegengesetzten Richtung von London gesehen hatte.

Die Spur würde sich in Birmingham verlieren, und dort würden auch die Nachforschungen beginnen – und enden. Waltons Eltern, die ihn an diesem Abend erwarteten, würden wohl kaum die Polizei benachrichtigen, wenn er nicht eintraf. Als Erste würden wahrscheinlich Walkinshaws Alarm schlagen, wenn die erwarteten Brillanten nicht am Vormittag bei ihnen abgeliefert werden würden. Ob man Waltons Verschwinden für freiwillig oder nicht halten würde, war eine rein akademische Frage, die er mit Interesse in den Zeitungsberichten verfolgen würde. Aber er nahm an, dass die Polizei nach Aufdeckung von Waltons finanzieller Lage zynisch genug sein würde, ihn als einen weiteren Fall des „vertrauenswürdigen" Angestellten abzuschreiben, der unter dem Druck seiner Schulden der Versuchung nachgegeben hatte. Eine Jagd nach dem lebenden Walton würde eine zusätzliche Sicherheit dafür bieten, dass der tote Walton ungestört ruhen könnte.

Als die Lichter von New Street durch das Abteilfenster zu sehen waren, prüfte Brackley in Gedanken noch einmal die Glieder der gefälschten Beweiskette, die er geschmiedet hatte. Waren sie stark genug? Der Zeitungsverkäufer – der Taxichauffeur – der Gepäckträger – der Kellner – würden sie mit ihrem Zeugnis zur rechten Zeit in Erscheinung treten? Letzten Endes war auf keine menschliche Aussage hundertprozentiger Verlass, und die Kette konnte an irgendeiner Stelle brechen. Doch außer sich öffentlich auf dem Bahnsteig als Walton auszugeben, blieb nichts mehr, was er noch tun konnte.

Geistesabwesend starrte er die ältere Dame an, die mit ihm im Abteil saß, als ihm plötzlich zum Bewusstsein kam, dass er doch noch etwas tun konn-

**46**

*Fortsetzung auf Seite 47*

te; er würde seiner Leistung den letzten künstlerischen Anstrich geben, die sie über alle Zweifel erhaben machen musste. Der Koffer der Dame lag im
295 Gepäcknetz über ihrem Kopf, und seiner – Waltons – lag daneben. Er nahm jetzt zum ersten Mal wahr, dass sie sich bemerkenswert ähnlich sahen. Sie stammten beide aus dem billigen Angebot eines Geschäftes in der Oxford Street; er wusste es, denn er
300 hatte sich dort den gleichen gekauft für den Fall, dass er ihn für seine Verkörperung Waltons brauchen sollte. Er hatte ihn jedoch nicht benötigt. Die Gelegenheit ergreifend, die ein günstiges Geschick ihm bot, stand er rasch auf, als der Zug hielt, nahm das
305 Köfferchen der alten Dame aus dem Gepäcknetz und trat damit hinaus auf den Bahnsteig.

Es kam, wie er es vorausgesehen hatte. Bevor er die halbe Länge des Zuges entlanggehinkt war, hatte seine ältliche Begleiterin ihn eingeholt. Sie trug seinen
310 Koffer und rief ihm nach, stehenzubleiben.

„Entschuldigen Sie bitte", rief sie mit einer hohen, weittragenden Stimme, „aber Sie haben sich geirrt. Das ist mein Koffer, den Sie da in der Hand halten." Brackley lächelte geduldig.

315 „Ich fürchte, Sie haben sich selbst geirrt, gnädige Frau", sagte er. „Da haben Sie ja Ihren eigenen Koffer. Sehen Sie selbst, wie ähnlich sie sich sind."

„Aber ich bin völlig sicher!", kreischte die alte Dame. Sie spielte ihre unfreiwillige Rolle so großartig, als ob
320 sie sie einstudiert hätte. „Er lag genau über meinem Kopf, und Sie haben ihn genommen. Das ist mein Koffer, den Sie da haben. Und außerdem erkenne ich ihn auch."

Genau wie er gehofft hatte, erschien ein Bahnpolizist auf der Szene seines kleinen Theaterstückes. 325
„Was geht hier vor?", fragte er.

Die Dame holte Atem, um zu sprechen, aber Brackley kam ihr zuvor. Er war nicht gesonnen, die günstige Gelegenheit zu verschenken, für die er gearbeitet hatte. 330

„Diese Dame scheint zu denken, ich hätte ihren Koffer gestohlen, Wachtmeister", sagte er. „Ich habe nichts dergleichen getan. Ich bin ein völlig unbescholtener Mann. Mein Name ist Walton, und ich bin bei dem Londoner Juwelier Mallard beschäftigt. 335 Ich habe meinen Personalausweis hier, wenn Sie ihn sehen wollen und –"

„Schon gut, schon gut", unterbrach ihn der Polizeibeamte lächelnd. „Niemand hat bisher etwas von stehlen gesagt." 340

„Selbstverständlich nicht", warf die Dame ein. „Es ist nur ein Irrtum und ich versuche es ihm klarzumachen. Aber nichtsdestoweniger besteh ich darauf, meinen Koffer zurückzubekommen!"

„Natürlich, meine Dame, natürlich!" Der Beamte 345 genoss sichtlich die Situation. „Wir wollen einmal einen Blick darauf werfen." Er legte sie nebeneinander auf den Bahnsteig. „Die sehen sich aber wirklich sehr ähnlich! Keine Kofferanhänger, keine besonderen Kennzeichen. Ihr sorglosen Leutchen! Genau auf 350 diese Art und Weise pflegen Gepäckstücke verloren zu gehen, und dann wird die Schuld der Eisenbahn zugeschoben. Was meinen Sie, Mister –"

„Walton ist mein Name."

„Haben Sie etwas dagegen, wenn ich einen der bei- 355 den öffne? Das wird die Angelegenheit wohl endgültig aufklären."

„Nicht das Geringste."

„Und Sie, meine Dame?"

„Ganz im Gegenteil." 360

„Na, dann wollen wir mal sehen."

Er nahm Waltons Koffer, legte ihn auf eine Bank und öffnete die Verschlüsse. Er schlug den Deckel zurück und der helle Schein der Bahnsteiglampen fiel erbarmungslos auf seinen Inhalt. Myriadenfach brach 365 sich ihr Licht in den Facetten einer großen Menge von Juwelen, die augenscheinlich hastig zusammengerafft waren. Und obenauf lag ein gummiüberzogenes Kabelstück, dessen eines Ende mit einer scheußlich verklebten Masse von Blut und Haaren 370 besudelt war. Mit weißen Haaren – den Haaren des alten Nicholas Mallard, der zurzeit zusammengekrümmt unter seinem Ladentisch in der Fentiman Street lag, so wie Walton ihn verlassen hatte.

*Fortsetzung auf Seite 48*

**Aufgaben**

1. Markiere Textstellen, in denen deutlich wird, wie Brackley sich auf sein Verbrechen vorbereitet hat.

2. Erkläre, wie es dazu kommt, dass Brackley einen Fehler macht.

3. Etwas Unvorhergesehenes ist passiert.
   Erkläre das überraschende Ende der Geschichte mit eigenen Worten.

4. Der Text soll für das Fernsehen bearbeitet werden. Gliedere den Text dazu in mehrere große Szenen.
   a) Markiere die entsprechenden Abschnitte im Text.
   b) Trage in die Tabelle ein, welche Zeilen die Abschnitte umfassen,
      und gib jeder Szene eine passende Überschrift.

| Zeilen | Überschrift |
| --- | --- |
|  |  |
|  |  |
|  |  |
|  |  |
|  |  |
|  |  |

5. Zeichne einen Spannungsbogen für den Verlauf der Geschichte und notiere,
   an welcher Stelle der Höhepunkt der Handlung liegt.

6. Der englische Originaltitel lautet „It takes two" (= Es gehören zwei dazu).
   Der Titel „Ein perfekter Mord" stammt aus einer Sammlung von Kriminalgeschichten.
   Welchen Titel würdest du bevorzugen? Begründe deine Auswahl.

7. Erfinde ab Zeile 324 einen neuen Schluss für die Geschichte.

# Kriminal-Sonette

*Kürzestkrimis? Und dann auch noch in Gedichtform? Im Jahr 1913 veröffentlichen die Autoren Ludwig Rubiner, Friedrich Eisenlohr und Livingstone Hahn gleich ein ganzes Buch mit „Kriminal-Sonetten". Hier zwei Kostproben:*

## Gold

FRED wird in einem braunen Tabakballen
Vom Hafen auf die Zollstation getragen.
Dort schläft er, bis die Schiffsuhr zwölf geschlagen,
Erwacht und schleicht sich in die Lagerhallen.

5 Am Gold-Depot, wo trunkne Wächter lallen,
Lässt er den kleinen Mörtelfresser nagen,
Bis wie beim Kartenhaus die Mauern fallen.
Dann lädt er Gold in einen Grünkohlwagen.

Als Bauer fährt er sächselnd durch den Zoll.
10 Doch dort verraten ihn zwei blanke Barren.
Berittne jagen den Gemüsekarren.

Fred sinnt verwirrt, wie er sich retten soll.
Da sitzt DER FREUND in hoher Eberesche
Und schießt ihm pfeiferauchend eine Bresche.

## Der Rennskandal

Am Sattelplatz hört man die Tipps laut nennen.
FRED ist im Stall auf kurze Zeit allein:
Er dopt den schlechten Renner „Sonnenschein"
(Der Gaul geht glänzend ab und macht das Rennen).

5 Zwei Jockeys, die den Schwindel gleich erkennen,
Beweisen ihn, umdrängt von dichten Reihn.
Schon stellt der Toto[1] seine Zahlung ein.
Das Volk radaut. Und die Tribünen brennen.

Als Erster stürzt DER FREUND sich auf die Kasse,
10 Und trägt die Scheine im Zylinder fort.
Der Mailcoach[2] wartet schon auf der Terrasse.

In Alabama treffen sich die beiden.
Der Freund errichtet einen Kinderhort.
Fred übt den Lassofang auf Rinderweiden.

1 Toto: Annahmestelle für Wetten
2 Mailcoach: Postkutsche

## Aufgaben

1. Erkläre die folgenden Wörter aus dem Zusammenhang des jeweiligen Gedichts.

   Mörtelfresser: _____

   Berittne: _____

   Bresche: _____

   Sattelplatz: _____

   Renner: _____

2. Stell dir vor, die beiden Fälle wären durch die Polizei doch noch aufgeklärt worden.
   Schreibe einen Zeitungsbericht zu „Gold" oder „Der Rennskandal", in dem die Vorgänge genau beschrieben werden.

   > **Zeitungsbericht:**
   > Fakten werden in einem sachlichen Stil mitgeteilt. Der Bericht bezieht sich auf einen Vorgang oder ein Ereignis in der Vergangenheit und wird im Präteritum abgefasst.

3. Schreibe ein eigenes Kriminal-Gedicht um Fred und seinen Freund. Gehe so vor:
   • Sammle Ideen zu einer kurzen Verbrechensgeschichte.
   • Notiere den Ablauf der Geschichte in Stichwörtern.
   • Schreibe nun ein Gedicht nach dem Muster oben (= vier Strophen, 14 Verse und Reime).

# Der Comic-Detektiv Nick Knatterton – eine Parodie?

*Der deutsche Detektiv Nick Knatterton hielt seine Leser 15 Jahre lang, von 1949 bis 1964, in Atem. Seine Fälle wurden verfilmt und auch in den Niederlanden und in der Türkei gelesen – eine fabelhafte Karriere! Eines seiner frühen Abenteuer siehst du hier.*

**Es ist unmöglich, von**
**Nick Knatterton**
**nicht erwischt zu werden, sagt unser Zeichner Manfred Schmidt**
Siehe auch Seite 37: „Kombiniere . . ."

Meisterdetektiv Nick Knatterton reinigte gerade seinen künstlichen Hinterkopf (aus Hartholz) von steckengebliebenen, aus dem Hinterhalt gefeuerten Patronen, da läutete das Telefon. Der Leser hat völlig richtig geraten, wenn er annimmt: Ein Hilferuf!

Der Hilferuf kam aus der Wohnung des Kaufmanns Gustav Koks. Blitzschnell begab Knatterton sich ebendorthin und fand die für einen Tatort typische Unordnung, ein gefesseltes Hausmädchen, einen verzweifelten Ehemann und ein offenes Fenster vor. Während Nick die sehr delikat angebrachte Fesselung aufknotete und das Mädchen noch stammelte: „Meine Herrin – geraubt, entführt!", flog ein Kaffeekessel durchs Fenster an Nicks Hinterkopf. Messerscharf kombiniert Nick: „Das galt mir! Man will Aufklärung des Verbrechens durch mich verhindern!"

Der Meisterdetektiv hat es sich zur Gewohnheit gemacht, jede Art von Geschoss nur aus voller Deckung zu prüfen. Vorsichtig hebt er den Deckel ab und zieht mit spitzen Fingern einen zusammengerollten Drohbrief heraus!

Mühelos erkennt Nick: Der Brief wurde mit einem Füllhalter, Marke „Milleklecks", Baujahr 1946, geschrieben. Da hört sein geübtes Ohr ein Auto wegfahren! Wiederum blitzschnell begibt er sich mit Koks zu seinem Wagen (Volkswagen mit diskret eingebautem hochgezüchteten 65-PS-Motor). Er überlässt Koks das Steuer, legt sich auf die Haube und dirigiert den Fahrer durch Winkzeichen mit 70 km/h der verdächtigen Reifenspur nach. Wo der Leser nichts sieht, erkennt Nicks durchtrainiertes Adlerauge die Abdrücke eines runderneuerten Reifens der Marke „Luft-Ex".

Nach aufregender Jagd ist der fliehende Wagen eingeholt. Entsetzt erkennt Koks: Es ist sein eigener! Mit einem seiner berühmten Pantersprünge begibt Nick sich auf das verdächtige Auto und landet lautlos auf dem Verdeck. Mit dem üblichen, aber immer wieder überraschenden Mittel eines vorgehaltenen Revolvers veranlasst er, dass der Wagen hält. Und was sieht er? In dem Wagen befindet sich nur Frau Daisy Koks!

Sie hat alles inszeniert, um zu dem hartnäckig verweigerten Pelzmantel zu kommen! Nick versöhnt die beiden: „Der achte Fall dieser Art seit Beginn der kalten Jahreszeit! Und etwas Erpressung gehört nun einmal zum „Ewig-Weiblichen"!"

*Fortsetzung auf Seite 51*

*Fortsetzung von Seite 50*   **Der Comic-Detektiv Nick Knatterton – eine Parodie?**

*Knattertons Erfinder, der Zeichner Manfred Schmidt, schreibt über seinen Detektiv:*

Sein Vater bin ich, seine Mutter der Zufall. [...] Der Zufall ließ mir kurz nach dem Kriege ein buntes, aus den USA importiertes Heftchen mit dem Titel „Superman" in die Hände fallen. Das war eine Bilder-
5 geschichte, wo den handelnden Personen text-gefüllte Blasen aus Mund, Nase, Ohren oder Stirn quollen, je nachdem, ob sie etwas sagten, hörten, rochen oder gar dachten. Spiralen um den Kopf deu-teten schwindendes Bewusstsein an, Sternchen
10 einen vorangegangenen Schlag aufs Kinn oder ande-re empfindliche Körperteile. Ein Handlungsablauf, der in einem Roman viele Seiten füllen würde, war hier auf ein einziges kleines Bild komprimiert, so er-zielte man eine fast 95-prozentige Lesezeitersparnis.
15 Ich nahm mir vor, diese primitivste aller Erzähl-formen so gründlich zu parodieren, dass den Leuten

die Lust an der blasenreichen, auf Analphabeten zugeschnittenen Stumpfsinnliteratur verging. [...] Meine löbliche Absicht, die Bildergeschichten lächerlich zu machen, ging total daneben. Durch 20 Knatterton bekamen die Deutschen erst richtig Appetit auf blasengespickte „comic strips" und ver-schlangen immer mehr von dem Zeug. Dass Knatter-ton eine Parodie sein sollte, schluckten nur die we-nigsten. 25

> **Parodie:**
> Ein bekannter Text oder – wie hier – eine ganze Textsorte wird durch Verzerrungen und Über-treibungen lächerlich gemacht.

## Aufgaben

1. Erkläre anhand der Bilder und Texte des Comics (Seite 50), dass es sich um eine Krimi- und Comic-Parodie handelt.

2. Kannst du dir erklären, warum die Leserinnen und Leser die Knatterton-Comics nicht als Parodie verstanden haben? Schreibe deine Überlegungen auf.

3. Der Knatterton-Comic auf Seite 50 stammt aus dem Jahr 1951. Notiere, woran du das Alter des Textes und der Bilder erkennen kannst.

4. Der Comic auf Seite 50 kommt noch ganz ohne die witzigen Sprechblasen und Kommentare aus, für die Knatterton so beliebt war. Arbeite den Comic entsprechend um. Gehe dabei so vor:
   • Sieh dir das Bild rechts genau an. Welche drei Textelemente gibt es und wie sind sie dargestellt?
   • Schneide die Bilder auf Seite 50 aus und klebe jedes in die Mitte eines DIN-A4-Blattes.
   • Erfinde nun Sprechblasen, Kommentare und neue Untertexte. Die Untertexte sollten nun viel kürzer ausfallen.
   • Schreibe die neuen Texte zu den passenden Bildern.

# Henry Slesar: Alice hat einen Auftrag

In Flame Castles Briefkasten lag ein Umschlag; auf der Rückseite stand in Gravurschrift die Adresse von Mrs. Diane Wetherby Castle aus der Vierundsechzigsten Straße Ost. Flame kaute die letzten Überreste
5 ihres grellrosa Lippenstifts ab, während sie erschöpft die drei Treppen zu ihrer Wohnung emporstieg. Ehe sie den Schlüssel ins Schloss steckte, riss sie den Brief auf.
Das Blatt enthielt keine Anrede. Die alte Dame konn-
10 te sich noch immer nicht dazu überwinden, Flame als „Mrs. Castle" anzusprechen. *Würden Sie mich bitte heute Abend um 18 Uhr zu Hause aufsuchen? Bitte bringen Sie Alice mit. (Mrs.) Diane W. Castle.* Flame brummte vor sich hin. Warum wollte die alte Dame sie spre-
15 chen?
Dann dachte sie daran, dass ihr Anwalt versprochen hatte, Leonards Mutter einige drohende Briefe zu schicken, in der Hoffnung, sie dazu zu bringen, der Witwe ihres Sohnes eine Art Apanage[1] auszusetzen.
20 Das musste es sein. Die alte Dame war sauer. Sie suchte Streit. Na, das war Flame nur recht. Sie drehte den Schlüssel im Schloss und ließ die Tür aufschwingen. Alice schlief auf dem Sofa. Mit dem schmutzigblonden Haar und dem winzigen Gesicht sah das
25 Kind wie eine verlassene Stoffpuppe aus. Wie so oft atmete sie durch den Mund; Flame schüttelte sie zornig.
„Alice! Meine Güte, wach auf!" Das Kind erwachte und begann zu weinen. Flame war nicht in der Stim-
30 mung, das Mädchen zu trösten. „Wenn du endlich still bist, habe ich eine Überraschung für dich", sagte sie. „Wir gehen heute Abend aus, ganz toll aus!"
„W-wohin?", fragte Alice schluchzend.
„Wir besuchen jemanden, eine reiche Dame in der
35 Nähe der Park Avenue. Weißt du, wo die Park Avenue liegt?"
„Nein."
„Da wohnen die reichen Leute. Vielleicht kriegst du was Hübsches zu essen. Also wasch dich und zieh
40 dein gutes Kleid an. Und nimm die hübsche blaue Tasche mit. Zack, zack!"
„Na gut", sagte Alice. Im Schlafzimmer dachte Flame über den Brief und die alte Frau nach und hätte in ihrer Erregung fast das Kleid zerrissen, das sie sich
45 über den Kopf streifte. Diese alte Schlange! Seit dem Augenblick, da Leonard mit Flame zu Hause erschienen war, hatte seine Mutter sie gehasst. Flame hatte nicht angenommen, dass sie ihren Sohn enterben würde, nur weil er ein Mädchen vom Ballett geheira-
50 tet hatte – doch sie hatte es getan, total und unversöhnlich. Nicht einmal Alices Geburt hatte ihre Ent-

schlossenheit ins Wanken bringen können: Die alte Dame war wirklich ein harter Brocken. Flame bewunderte ihre Härte, hasste sie aber trotzdem. Die Frau war stur, selbstgefällig, juwelenbehängt. 55 Warum hatte sie nicht durch das Eisenbahnunglück ums Leben kommen können, an Stelle von Leonard? Als Flame ihren Schmuck anlegte, kam ihr die große Idee. Sie besaß natürlich nur Modeschmuck, ganz im Gegensatz zu den Stücken von Mrs. Castle, die antike 60 Broschen, dicke Ringe und juwelenbesetzte Armbänder ihr Eigen nannte. Ein einziges Stück aus der Sammlung der Schwiegermutter konnte sie und Alice ein Jahr lang über Wasser halten …

Flame dachte an die Wohnung abseits der Park 65 Avenue. Sie schloss die Augen und stellte sich den Ankleideraum der alten Dame neben dem Wohnzimmer vor; sie sah den Tisch mit dem geschnitzten Schmuckkasten, hier und dort achtlos hingeworfene Schmuckstücke … 70
Ein Stück, dachte Flame. Ein einziges Stück von dem Zeug. „Alice!", rief sie, „Alice, komm doch mal her!" Das Kind trat scheu ins Zimmer, es hatte einen Daumen in den Mund gesteckt. Flame schlug ihr die Hand zur Seite, doch als sich das kleine Gesicht 75 weinerlich verzog, lachte sie. „Ich will dir doch nur ein Spiel erklären."
„Spiel?"
„Weißt du was, Alice? Wir spielen der alten Dame einen kleinen Streich. Würde dir das Spaß ma- 80 chen?"

1 Apanage: regelmäßige Zahlung

*Fortsetzung auf Seite 53*

Alice schien es nicht genau zu wissen, und Flame drückte sie an sich und flüsterte: „Das wird ein Spaß! Ein toller Spaß! Wenn wir bei der alten Dame sind, werde ich mit ihr sprechen, verstehst du? Du findest es ja immer langweilig, den Erwachsenen zuzuhören. Also machst du einen kleinen Spaziergang, klar? Du wanderst ein bisschen durch den Flur, verstanden?" Das kleine Mädchen nickte. „Am Ende des Flurs siehst du einen kleinen Raum. Darin steht ein großer Tisch mit einem Spiegel, so wie Mamis Tisch hier, und mit vielen hübschen Dingen darauf. Und weißt du, was du dann tust?" Sie lachte leise. „Ich sag's dir. Du nimmst dir irgendein Stück, etwas Hübsches, Glitzerndes. Ich meine, ein Armband, einen Ring oder Ohrringe, irgendetwas, das hübsch aussieht. Verstanden?" Alice stimmte ein leises, vergnügtes Lachen an.

„Das ist das Spiel, mein Schatz", sagte Flame und drückte sie an sich. „Du tust das gute Stück in deine hübsche blaue Tasche und kommst zu Mami und der alten Dame zurück, klar? Du darfst aber kein Wort sagen. Das ist das Wichtigste, Alice. Verstehst du deine Mami? Kein Wort!"

„Ja, ja", machte Alice.

„Ach, was bist du doch schon für ein großes Mädchen", summte sie in Alices Ohr. „Ein … kluges … großes … Mädchen …"

Gefühlvoll umarmte Alice ihre Mutter. Als Flame die Wohnung an der Vierundsechzigsten Straße betrat, erkannte sie, dass sich seit ihrem letzten Besuch nichts verändert hatte. Doch als Mrs. Castle in einem langen, nachschleppenden Rock eintrat, bemerkte sie ein neues Beben in den Händen der alten Frau, die sich mit unsicheren Bewegungen auf das Sofa setzte.

„Bitte nehmen Sie Platz", sagte die alte Dame. „Ich habe von Ihrem Anwalt mehrere Briefe erhalten. Ein sinnloses Unterfangen, Sie sollten den Auftrag zurückziehen. Mein Anwalt hat mich wissen lassen, dass Sie keinen irgendwie gearteten rechtlichen Anspruch haben."

„Hören Sie!", warf Flame ein. „Wenn Sie glauben …"

„Bitte, deshalb habe ich Sie nicht hergebeten." Sie blickte auf das Kind, das sich an Flames Schulter kauerte. „Das ist also Alice. Ist sie immer so schüchtern?"

„Kann sie ein bisschen herumwandern?", fragte Flame. „Sie ist nervös, und solches Gerede ist sowieso nichts für ihre Ohren."

Die alte Frau runzelte die Stirn und nickte. „Du kannst tun, was dir gefällt, Alice. Es gibt nichts, was du zerbrechen könntest – jedenfalls nichts, was mir noch wichtig wäre. Gehe ruhig, Kind." Alice warf ihrer Mutter einen kurzen Blick zu und ging dann zur Tür, die blaue Tasche unter den Arm geklemmt. Als sie allein waren, sagte Mrs. Castle: „Das Kind sieht Leonard sehr ähnlich."

„Was hatten Sie erwartet?"

Die alte Frau seufzte. „Ich hatte gehofft, dass wir uns in aller Ruhe unterhalten können. Ich habe Sie nicht hergebeten, um die alte Diskussion fortzusetzen. Das ist alles vorbei und ausgestanden. Die Lage ist nun völlig anders."

„Was soll das heißen?"

„Wenn Sie es genau wissen wollen, ich habe meine Einstellung geändert." Sie lächelte matt. „Das ist alles in allem recht komisch. Kurz nach Leonards Tod hatte ich einen Herzanfall. Einen milden, hieß es." Sie schnaubte verächtlich durch die Nase. „Aber ich weiß das besser."

„Es tut mir leid", sagte Flame.

„Wirklich? Na, egal. Jedenfalls hatte ich plötzlich Zeit zum Nachdenken. Für Leonard konnte ich nichts mehr tun, außer ihm vielleicht zu verzeihen – aber das hatte ich schon vor langer Zeit getan. Als Einziges blieb mir, etwas für seine Frau und sein Kind zu tun."

„Ich verstehe nicht …"

„Sie wissen doch bestimmt über mein Testament Bescheid. Ehe Sie in Leonards Leben traten, war er mein Alleinerbe. Danach stand er ohne einen Cent da. Doch nun möchte ich keine Verbitterung zurücklassen. Leonards Kind soll versorgt sein. Aus diesem Grund empfange ich nachher noch meinen Anwalt und diktiere ihm eine Änderung des Testaments."

Flames Finger schlossen sich um die Armlehnen des Stuhls. Die alte Frau sah die Knöchel weiß werden und lächelte geheimnisvoll. „Der Hauptteil meines Nachlasses fällt danach an Sie und Alice. Wenn ich sterbe, würden Sie eine reiche Frau sein. Vielleicht stehen Sie dann eines Tages ebenfalls vor einem interessanten Problem. Vielleicht tritt in Alices Leben ein bezaubernder Taugenichts, gut aussehend, offensichtlich ein Glücksjäger, den Sie verabscheuen, der Ihre Tochter aber trotzdem heiratet. Dann denken Sie bitte an mich, ja?" Sie stand auf. „Jetzt muss ich mich ausruhen. Bitte rufen Sie Ihre Tochter …"

„Alice, Alice!", rief Flame und ging in den Flur hinaus. „Alice, wo bist du?" Das Kind erschien, einen leicht erschrockenen Ausdruck in den Augen, die blaue Tasche an die Brust gedrückt. „Da bist du ja!", sagte Flame zärtlich.

„Komm, mein Kleines, es wird Zeit, dass wir gehen. Verabschiede dich von Mrs. Castle."

*Fortsetzung auf Seite 54*

Alice murmelte etwas, und die alte Frau nickte. Dann nahm ihre Mutter
190 sie an der Hand und führte sie zum Ausgang. Sie fuhren mit dem Taxi zurück; die Fahrt kostete zwei Dollar, was Flame aber egal war. Den ganzen Weg hielt sie das Kind im Arm, und
195 Alice, erstaunt und verwirrt wegen der plötzlich zur Schau gestellten Zuneigung, trällerte und kicherte mit einer Fröhlichkeit, die sie selbst nicht ganz begriff. In der Wohnung zog
200 Flame das schwarze Seidenkleid aus, stellte in einer Aufwallung guter Laune das Radio an und tanzte einen ironischen Striptease vor ihrer Tochter, die die ungewöhnlich lustige Mutter
205 begeistert belachte. Eine halbe Stunde später klingelte das Telefon.
„Spreche ich mit Mrs. Castle?" „Ja. Wer ist denn da?" „Mein Name ist Pierce, Dr. Pierce, Mrs. Castle. Sie ken-
210 nen mich nicht, doch ich habe Ihre Schwiegermutter behandelt. Meines Wissens waren Sie die einzige lebende Verwandte, da hielt ich es für richtig, Sie anzurufen."
„Stimmt etwas nicht? Ist ihr etwas passiert?"
215 „Leider ja. Ich wurde kurz nach Ihrem Besuch vom Hausmädchen angerufen. Sie waren offenbar erst zwei Minuten fort, als Mrs. Castle einen Anfall bekam; als ich ankam, war es schon zu spät."

„Soll das heißen – sie ist tot? Mrs. Castle ist tot?" 220
„Ich hatte ihr Nitroglycerinpillen dagelassen, doch sie nahm keine davon. Ich weiß nicht, warum, vielleicht geschah alles zu plötzlich. Es tut mir leid, Mrs. Castle …" 225
Flame knallte den Hörer auf die Gabel. „Alice!", kreischte sie. „Alice!" Als dieser Schrei durch die Wohnung gellte, verlor das Kindergesicht den neuen strahlenden Ausdruck. „Die 230 Tasche!", kreischte Flame. „Die Tasche!"
„Was?"
„Wo ist deine Tasche?" Dann erblickte sie den hellblauen Beutel auf dem 235 Sofa. Sie packte ihn, zerrte wild an dem kleinen Schloss. Zuletzt stellte sie die Tasche auf den Kopf, und ein hell schimmernder Gegenstand fiel auf die Kissen. Ein grellroter Edelstein 240 funkelte auf dem Deckel; eindeutig ein sehr teures Pillendöschen.

---

**Aufgaben**

1. Warum kann Flame die alte Dame nicht leiden?
   a) Markiere zunächst alle Informationen im Text, die sich auf die Vergangenheit beziehen.
   b) Schreibe dann einen kurzen Bericht über die vergangenen Vorkommnisse.

2. Beschreibe, was Flame vorhat.

3. Erkläre, warum die Geschichte eine andere Wendung nimmt, als Flame geplant hat.

4. Entscheide: Handelt es sich um eine Verbrechensgeschichte?
   Begründe deine Ansicht.

5. Ein Verleger möchte, dass die Geschichte ein anderes Ende bekommt.
   Skizziere verschiedene Möglichkeiten.

# Ingrid Noll: Der Hahn ist tot – eine Mordszene untersuchen

*Rosemarie Hirte ist die Hauptfigur in Ingrid Nolls Roman „Der Hahn ist tot". Sie ist zweiundfünfzig Jahre alt, als sie sich unsterblich verliebt. Als ausgerechnet ihre Freundin Beate zu ihrer Konkurrentin wird, beschließt Rosemarie, sie zu einem besonderen Picknick einzuladen …*

Beate deutete auf einen hohen Aussichtsturm. „Da müssen wir rauf. Ich war vor kurzem mal mit Jürgen dort, man hat einen zauberhaften Blick auf die Rheinebene."

5 Ob das gut war? Ich hatte den Revolver in meiner größten Handtasche, verborgen in einem Reißverschlussfach. Fast hoffte ich, es würde alles nicht klappen, es wären Spaziergänger zu sehen oder ein Försterjeep zu hören.

10 Der Ausblick vom Turm war herrlich. Im blauen Dunst sah ich in der Ferne Mannheim funkeln, im Südwesten musste Ladenburg liegen. Ich suchte die unmittelbare Umgebung nach Menschen ab, sah aber nichts. Auf dem Waldparkplatz hatten zwei

15 Autos gestanden.

„Her mit dem Sekt!", forderte Beate.

Ich breitete auf dem sonnenwarmen Boden des Turms ein rotkariertes Küchentuch aus. ‚Henkersmahlzeit', dachte ich.

20 Beate musterte alles neugierig. „Gegrillte Hähnchenteile und Baguette, Schinken und Melone, Weintrauben und Käse! Rosi, du bist ein Genie!"

Sie machte geübt den lauwarmen und mächtig sprudelnden Sekt auf. Beate fand diesen Schönheits-

25 fehler lustig. Sie trank zwei Gläser schnell herunter, griff dann nach den Melonenscheiben und einem Hühnerbein. Ich tat auch so, als würde ich essen, aber die trockene Hühnerbrust blieb mir fast im Halse stecken. Ich musste jetzt eigentlich den Revolver

30 hinter Beates Rücken auspacken und meine lebenslustige Freundin – meine einzige – kaltblütig erschießen. Das konnte ich einfach nicht.

„Du glotzt ja so ernst in die Gegend, Rosi. Komm, trink!", forderte mich Beate auf und schenkte mir

35 ein. Ich hatte keine Pappbecher, sondern Kristallgläser und auch Porzellanteller mitgebracht.

Beate trank ihr drittes Glas. Sie setzte sich auf die breite Brüstung. „Komm hierher, Rosi", sagte sie, „es ist ja ein Jammer, wenn man auf dem Boden sitzt

40 und gar nichts von der tollen Aussicht sieht. Wenn ich hier oben bin, möchte ich mich in eine Schwalbe verwandeln und mich leicht und elegant in die Ebene hinunterschwingen." Sie ließ die Beine nach außen hängen. „Komm!" Ihr etwas breiter Rücken war

45 mir zugewendet, die noch feuchten Haare glänzten. Unter dem eingelaufenen T-Shirt zeichnete sich scharf der Büstenhalter ab.

„Ach Beate, ich stehe lieber, ich bin nicht schwindelfrei."

„Schwindel – ich weiß gar nicht, was das ist! Schon 50 als Kind gab es für mich nichts Schöneres als schaukeln und klettern, auf Dächer und Mauern steigen. Sieh mal!"

Wie das Kind, das sie früher gewesen war, stellte sie sich vor mich auf die Mauer und lachte mich so frech 55 an, so wie sie früher wohl ihre Mutter zur Verzweiflung gebracht hatte.

Ein energischer Stoß mit beiden Händen gegen ihre braunen Beine, und Beate fiel mit einem ganz hohen Schrei und mit dem Sektglas in der einen, dem Hüh- 60 nerbein in der anderen Hand den Turm hinunter.

Ich sah nach allen Richtungen, Menschen konnte ich nicht entdecken, hörte aber eine Motorsäge in nicht allzu weiter Entfernung. Auch ein jagender Hund schien sich in der Nähe herumzutreiben, 65 keiner rief ihn zur Ordnung, er mochte wildern. In der Ferne die Autobahn, winzig die Wagen, von dort konnte man meinen Turm wohl kaum erkennen, geschweige denn mich. Ich begab mich nun auf den Abstieg, mir zitterten dabei die Knie, sodass es nur 70 langsam die vielen engen Steinstufen hinabging.

Beate war wirklich tot, man brauchte nicht erst nach Puls und Atmung zu forschen. Glasig und unerhört verwundert starrten die weit offenen Augen ins Leere, allem Anschein nach war der Schädel gebro- 75 chen, die Wirbelsäule und alle Gliedmaßen. Ich konnte nicht lange hinsehen, mir wurde schlecht, und ich hatte wie damals in Witolds Haus nur den starken Trieb, schnell von diesem Ort wegzulaufen.

Aber jetzt galt es, nicht die Nerven zu verlieren. Das 80 Weinglas war in tausend Scherben explodiert, das konnte ich niemals auflesen, es würde Stunden dauern. Aber meinen Korb mit dem Picknickzeug musste ich auf jeden Fall mitnehmen, warum hatte ich ihn überhaupt oben auf dem Turm gelassen! 85

Es fiel mir schwer, wieder hinaufzusteigen. Überhaupt, wie kam ich jetzt heim ohne Wagen und mit dem ganzen Krempel? So genau hatte ich mir das vorher nicht überlegen können.

Aufgabe

1. Beschreibe Rosis Gefühle während der Mordtat.

*Fortsetzung auf Seite 56*

**Aufgaben**

2. Wie wirkt die Mordszene auf dich?
   a) Notiere zu den folgenden Textstellen, welche Gefühle sie bei dir hervorrufen.

---

**A**

„Komm hierher, Rosi", sagte sie, „es ist ja ein Jammer, wenn man auf dem Boden sitzt und gar nichts von der tollen Aussicht sieht. Wenn ich hier oben bin, möchte ich mich in eine Schwalbe verwandeln und mich leicht und elegant in die Ebene hinunterschwingen."

---

**B**

Ein energischer Stoß mit beiden Händen gegen ihre braunen Beine, und Beate fiel mit einem ganz hohen Schrei und mit dem Sektglas in der einen, dem Hühnerbein in der anderen Hand den Turm hinunter.

---

**C**

Beate war wirklich tot, man brauchte nicht erst nach Puls und Atmung zu forschen. Glasig und unerhört verwundert starrten die weit offenen Augen ins Leere, allem Anschein nach war der Schädel gebrochen, die Wirbelsäule und alle Gliedmaßen.

---

**D**

Überhaupt, wie kam ich jetzt heim ohne Wagen und mit dem ganzen Krempel? So genau hatte ich mir das vorher nicht überlegen können.

---

A: _____

B: _____

C: _____

D: _____

b) Fasse nun kurz zusammen, wie die Mordszene auf dich wirkt.

_____

_____

_____

3. Erläutere, welche Haltung du als Leser/Leserin gegenüber der Täterin einnimmst.

4. Nimm an, dass Rosi doch aus der Ferne beobachtet wurde und kurze Zeit später auf dem Polizeirevier aussagen muss. Was könnte sie zu ihrer Verteidigung aussagen? Entwickle eine Verteidigungsstrategie und schreibe Rosis Aussage auf.

# Hohe Literatur und schreckliche Verbrechen

*Lange Zeit wurde in Deutschland darüber diskutiert, ob Krimis überhaupt zur ernsthaften Literatur gerechnet werden dürfen. Dabei wurde allerdings ganz übersehen, dass viele berühmte Autoren längst einen Krimi oder einen Vorläufer des Krimis geschrieben hatten.*

**Aufgabe**

1. Im Wortgitter sind neun Autoren-Namen versteckt.
   Markiere sie und trage die Namen in der Liste unten ein.
   Tipp 1: Die Namen sind waagerecht, senkrecht und diagonal versteckt.
   Tipp 2: Arbeite mit einer Literaturgeschichte. Die Titel in der Liste unten helfen dir bestimmt.

| X | E | K | W | M | J | L | H | A | O | P | X | B | F | U |
|---|---|---|---|---|---|---|---|---|---|---|---|---|---|---|
| Z | M | H | N | S | W | Y | S | D | W | R | I | F | F | N |
| Y | C | L | E | A | R | A | A | B | E | K | O | F | Q | L |
| H | E | N | N | A | M | T | P | L | A | H | O | N | D | L |
| O | T | N | N | H | W | V | L | Y | S | H | J | Z | Ü | Y |
| R | S | A | A | H | R | I | E | L | S | U | H | C | R | S |
| V | V | M | M | T | H | T | Ü | L | V | P | S | V | R | W |
| A | A | F | R | C | N | H | Ü | A | N | T | K | K | E | N |
| T | F | F | S | A | E | H | Y | Y | Q | M | O | L | N | E |
| H | J | O | S | T | E | R | F | W | E | A | X | E | M | H |
| D | F | O | N | T | A | N | E | I | P | N | M | I | A | K |
| M | Z | O | S | M | Q | A | S | Ü | H | N | N | S | T | W |
| F | R | O | W | N | A | T | D | O | D | E | R | T | T | Y |
| D | R | I | K | B | V | H | B | S | R | D | G | H | V | G |
| D | H | O | F | F | M | A | N | N | R | Y | S | W | Q | C |

Friedrich _____: Der Verbrecher aus verlorener Ehre

Heinrich von _____: Der zerbrochene Krug

E. T. A. _____: Das Fräulein von Scuderi

Annette von _____: Die Judenbuche

Wilhelm _____: Stopfkuchen

Theodor _____: Unterm Birnbaum

Gerhart _____: Phantom

Ödön von _____: Jugend ohne Gott

Friedrich _____: Der Richter und sein Henker

# Derrick und Columbo – zwei Erfolgsrezepte

Die Derrick-Serie erfreut sich auch in Italien großer Beliebtheit. Im Licht des gesunden kritischen Menschenverstandes gäbe es keinen Grund, warum sie den Leuten gefallen sollte. Der Protagonist hat
5 einen wässrigen Blick und das traurige Lächeln eines geborenen Witwers, er trägt Anzüge von der Stange mit grauenvollen Krawatten, und seine Mitstreiter gehen in Lederjacken und Jeans, die nicht einmal richtig verwaschen sind. Die Innendekors stürzen
10 noch den muntersten Possenreißer in unheilbare Betrübnis, und die Außenaufnahmen zeigen das Schlimmste, was Bayern zu bieten hat (dabei gäbe es dort wahrhaftig Besseres zu sehen).

Man konnte nun meinen, zumindest das detekti-
15 vische Grundmuster der Geschichten sei originell und Derrick erobere sein Publikum durch Proben von außergewöhnlicher Intelligenz. Doch das Grundmuster hat, im Verhältnis zu den Detektivge-schichten von einst, nur eine sehr abgestandene
20 Neuheit, die schon weidlich von der Columbo-Serie ausgeschlachtet worden ist: Das Publikum weiß sofort, wer der Täter ist und wie er die Tat begangen hat. Der Reiz besteht darin, zu sehen, wie der Polizist, der es nicht weiß, den Täter errät und ihn anhand
25 sehr spärlicher Indizien dazu bringt, sich zu verra-ten.

Aber Columbo [...] bewegt sich mit seinen proleta-rischen Manieren in einer Welt schöner, reicher und mächtiger Kalifornier, die ihn wie einen Fußabtreter
30 behandeln (wozu er sie ermuntert), in der Gewiss-heit, dass es diesem schäbigen Nachkommen zwie-lichtiger Immigranten nicht gelingen wird, ihre Deckung zu durchbrechen und die Barriere ihrer glänzenden Arroganz einzureißen. Columbo, der es
35 versteht, scharfsinnige Bemerkungen über das zu machen, was für die anderen marginal ist, treibt sie mit psychologischen Tricks von perfider Raffiniert-heit in die Enge und bringt sie schließlich zu Fall, indem er gerade ihren Dünkel ausnützt. Die
40 Zuschauer genießen diesen Sieg des Pygmäen über die Elefanten und gehen zu Bett mit dem schönen Gefühl, dass einer, der genauso bescheiden und ehr-lich wie sie ist, sie gerächt hat, indem er widerlich reiche, schöne und mächtige Leute bestraft.
45 Nicht so Derrick. Er hat es fast immer mit Leuten zu tun, die niedriger stehen und schlechter gekleidet sind als er, dazu noch psychisch labil und einge-schüchtert durch einen Vertreter des Gesetzes, wie es bei jedem guten Deutschen vorkommt. Seine Schul-digen sehen so unverschämt schuldig aus, dass sie 50 gewöhnlich sogar von Harry erkannt werden (der offensichtlich ohne vorgängigen Intelligenztest in die bayerische Polizei aufgenommen worden ist), sie brechen fast sofort zusammen, es scheint, als ob sie geradezu danach lechzten. Wie kommt es dann, dass 55 Derrick so gut gefällt?

[...]

Für die einzelnen Folgen werden nie außergewöhn-liche Fälle gewählt, sondern Vorkommnisse von der Art, wie sie auch im Lokalteil der Zeitungen stehen 60 und jedem von uns passieren könnten. Deswegen ist es von grundlegender Bedeutung, dass weder strahlende Helden noch Erzbösewichter in ihnen auftreten. Sowohl der Gesetzesbrecher wie der Gesetzesvertreter sind stets von gegensätzlichen 65 Leidenschaften zerrissen, von Verlangen nach Ge-rechtigkeit und nach persönlicher Rache, von Schuldgefühl und verständlicher Schwäche. Die Schauplätze dürfen nicht zu leicht wiedererkennbar sein, damit möglichst viele Zuschauer sich darin wie 70 zu Hause fühlen können. Hinzu kommt ein Element, das ich zunächst gar nicht bemerkt hatte: Wie es scheint, benutzen die Personen in jeder neuen Folge immer die neuesten Automodelle, sodass der Zu-schauer stets ein Klima vertrauter Alltagsaktualität 75 vorfindet (den alten Karren von Lieutenant Colum-bo kann sich Derrick nicht leisten).

Derrick findet die Wahrheit am Ende nicht deshalb heraus, weil er so verteufelt intelligent ist, sondern weil er Verständnis für seinen Gesprächspartner hat: 80 Er misstraut ihm nie völlig und nimmt seine Sorgen ernst – und man bedenke den Unterschied zu Columbo, der immer allen misstraut! Zwar bedauert auch Columbo am Ende wie Derrick, dass er den Schuldigen ruiniert hat, aber Columbo bedauert es, 85 weil ihm in diesem Kampf zweier Intelligenzen der Gegner – so groß die Unterschiede zwischen ihnen auch sind – im Grunde fast sympathisch geworden ist. Derrick hingegen leidet am Ende, weil er den Schuldigen von Anfang an gemocht, ja wie ein On- 90 kel geliebt hat.

*Umberto Eco*

*Fortsetzung auf Seite 59*

*Fortsetzung von Seite 58*  **Derrick und Columbo – zwei Erfolgsrezepte**

*Derrick*

*Columbo*

**Aufgaben**

1. Wenn die Zuschauer von Anfang an wissen, wer die Tat begangen hat,
   worin besteht dann der Reiz der beiden Serien? Antworte mit einem Satz aus dem Text.

   _____

   _____

2. Beantworte die beiden folgenden Fragen mit Hilfe des Textes.
   a) In welchen Milieus (= sozialen Schichten) ermitteln die beiden Kommissare?

   _____

   _____

   b) Wie überführen Derrick und Columbo die Täter?

   _____

   _____

3. Wie erklärt sich der Autor, Umberto Eco, den Erfolg der beiden Serien?
   Markiere Textstellen.

4. Untersuche die Einstellung des Autors gegenüber Derrick und Columbo.
   a) Markiere zuerst Textstellen, in denen der Autor die Serien direkt oder indirekt bewertet.
   b) Fasse dann zusammen, was er von den beiden Serien hält.

   **Columbo:** _____

   _____

   **Derrick:** _____

   _____

5. Kennst du andere Fernseh-Ermittler, die mit ähnlichen Methoden arbeiten wie Derrick oder Columbo?
   Beschreibe die Figur des Ermittlers und seine Vorgehensweise.

# Agatha Christie: Der Wachsblumenstrauß – die Aufklärung

*Ein typisches Ende für einen klassischen Agatha-Christie-Roman: Alle Verdächtigen werden in einem Raum versammelt und der Detektiv oder die Detektivin klärt den Fall restlos auf.*

*Hercule Poirot*

Diesmal versammelte Hercule Poirot die ganze Gesellschaft im großen Salon; man betrachtete ihn mehr amüsiert als gespannt. Da nun die Staatsgewalt, die Polizei, in Gestalt von Inspektor Morton und
5 Oberinspektor Parwell, offensichtlich die Lage beherrschte, war Monsieur Poirot, der Privatdetektiv, für die Versammelten beinahe zu einer Witzblattfigur geworden. [...]
Poirot beobachtete sein Publikum. Dramatisch ver-
10 kündete er: „Ich kam her, um ein Rätsel zu lösen – das Rätsel ist nun gelöst! Ich möchte zunächst noch einmal die verschiedenen Punkte anführen, auf die mich der vortreffliche Mr. Entwhistle aufmerksam gemacht hatte.
15 Erstens: Mr. Richard Abernethie starb plötzlich. Zweitens: Nach dem Begräbnis sagte seine Schwester, Cora Lansquenet: ‚Er ist doch ermordet worden, oder nicht?‘ Drittens: Mrs. Lansquenet wurde ermordet. Die Frage stellte sich, ob zwischen diesen drei
20 Ereignissen ein Zusammenhang besteht. Lassen Sie uns sehen, was sich als Nächstes ereignete: Miss Gilchrist, die Gesellschafterin der Toten, wird krank, nachdem sie ein Stück von einer Hochzeitstorte gegessen hat, die Arsenik enthält. Das ist das nächste
25 Glied der Kette.“ [...]
Er strich sich über den Schnurrbart. „Mein erstes Ergebnis unterbreitete ich Ihnen schon heute Morgen: Richard Abernethie starb plötzlich. Dennoch wäre nicht der geringste Verdacht aufgekommen,
30 wenn nicht seine Schwester Cora nach der Beerdigung die berühmte Bemerkung gemacht hätte. Der Verdacht, dass Richard Abernethie ermordet worden ist, beruht lediglich auf diesen Worten. Auf diese Worte hin glaubten Sie alle, dass ein Mord stattgefunden habe, und Sie glaubten es nicht nur wegen 35 der Worte selbst, sondern weil Sie Cora Lansquenets Charakter kannten. Und nun komme ich zu der Frage, die ich mir bald gestellt hatte: ‚Wie gut kannten Sie alle Cora Lansquenet?‘ “
Er schwieg einen Augenblick, und Susan fragte 40 scharf: „Was soll das heißen?“
Poirot fuhr fort: „Sie kannten sie kaum – das ist die Antwort. Die jüngeren Familienmitglieder hatten sie überhaupt noch nie gesehen, oder dann nur, als sie ganz klein waren. An jenem Tag waren hier nur drei 45 Personen anwesend, die Cora tatsächlich gekannt hatten: Lanscombe, der Butler, der halb blind ist, Mrs. Maude Abernethie, die sie nur ein paar Mal zur Zeit ihrer eigenen Hochzeit gesehen hatte, und Mrs. Helen Abernethie, die sie zwar gut gekannt 50 hatte, ihr aber seit über zwanzig Jahren nicht mehr begegnet war.
Ich fragte mich also: ‚Wenn nicht Cora Lansquenet zur Beerdigung gekommen war, wer war an ihrer Stelle hier gewesen?‘ “ 55
„Sie meinen, dass Tante Cora – nicht Tante Cora gewesen wäre?“, fragte Susan ungläubig. „Und meinen Sie, dass auch nicht Tante Cora ermordet wurde, sondern jemand anderer?“
„O nein, Mrs. Cora Lansquenet wurde ermordet; 60 aber es war nicht Cora Lansquenet, die am Tag zuvor zur Beerdigung ihres Bruders gekommen war. Die Frau, die an dem Tag hier war, kam nur, um den Umstand auszunutzen, dass Richard so plötzlich verstorben war, und um bei seinen Angehörigen den Ver- 65 dacht zu erwecken, er sei ermordet worden. Und das ist der Betreffenden ausgezeichnet gelungen!“
„Unsinn! Warum? Was für einen Sinn sollte das haben?“, rief Maude schroff dazwischen.
„Warum? Um die Aufmerksamkeit von dem andern 70 Mord abzulenken. Vom Mord an Cora Lansquenet. Denn wenn Cora behauptet, Richard sei ermordet worden, und am nächsten Tag selbst ermordet wird, können die beiden Todesfälle als Ursache und Wirkung miteinander in Verbindung gebracht werden. 75 Doch wenn in Coras Haus eingebrochen und sie dabei ermordet wird, die Polizei aber daran zweifelt, dass ein Raubüberfall vorliegt, auf wen wird sich ihr Verdacht lenken? Natürlich auf Coras nächste Umgebung, also auf die Frau, die mit ihr zusammen- 80 wohnte.“
Anne Gilchrist widersprach in einem fast munter klingenden Tonfall: „Aber – Monsieur Pontarlier – Sie

*Fortsetzung auf Seite 61*

wollen doch nicht behaupten, dass ich einen Mord
85 begehen würde, um eine Amethystbrosche und ein
paar wertlose Skizzen zu erben?"

„Nein", antwortete Poirot, „aber für etwas mehr als
das. Eine dieser Skizzen, Miss Gilchrist, die, die den
Hafen von Polflexan darstellt, wurde, wie Mrs. Banks
90 klugerweise feststellte, nach einer Ansichtskarte
kopiert, die den alten Quai vor dem Krieg zeigt. Aber
Mrs. Lansquenet malte immer nach der Natur. Mir
fiel dann ein, dass mir Mr. Entwhistle erzählt hatte,
es habe nach Ölfarbe gerochen, als er das erste Mal in
95 ihr Haus kam. Sie können doch malen, nicht wahr,
Miss Gilchrist? Ihr Vater war Maler, und Sie verstehen viel von Malerei. Wenn nun eines der Bilder, die
Cora auf einer Auktion billig erworben hatte, wert-
voll war? Wenn sie selbst es nicht gewusst hatte, Sie
100 es aber feststellten? Sie wussten, dass Cora in aller-
nächster Zeit den Besuch eines alten Freundes erwar-
tete, eines bekannten Kunstkritikers; da starb plötzlich Coras Bruder – und ein Plan stieg in Ihrem Kopf
auf. Es war leicht für Sie, in Coras Morgentee ein
105 starkes Schlafmittel zu schütten, sodass sie am Beer-
digungstag bewusstlos war, während Sie selbst bei
der Beerdigung die Rolle von Cora Lansquenet
spielten …
Sie kannten Enderby aus Coras Erzählungen. Wie
110 ältere Leute es gerne tun, hat sie Ihnen viel von ihrer
Kindheit erzählt. So konnten Sie leicht ihre Rolle
spielen. Niemand hegte den leisesten Verdacht, Sie
könnten nicht Cora sein. Sie zogen Coras Kleider an,
stopften sich ein bisschen aus, und da sie falsche
115 Stirnfransen trug, konnten Sie das ohne weiteres
ebenfalls tun." [...]
Langsam entfaltete Poirot ein Telegramm: „Heute
Morgen rief ich Mr. Entwhistle an, einen verantwor-
tungsbewussten Menschen, und bat ihn, nach Stans-
120 field Grange zu fahren und dort, angeblich im Auftrag von Mr. Abernethie" – Poirot blickte Timothy
durchdringend an – „aus Miss Gilchrists Zimmer ein
bestimmtes Bild zu holen, eine Skizze des Hafens von
Polflexan, damit es – eine kleine Aufmerksamkeit für
125 Miss Gilchrist – neu gerahmt werden könne. Mr. Entwhistle brachte das Bild nach London zu Mr. Guthrie,

den ich bereits telegrafisch verständigt hatte. Die
Skizze, mit der das ursprüngliche Gemälde hastig
übermalt worden war, wurde entfernt, sodass das
Original zum Vorschein kam." 130
Er hielt das Telegramm hoch und las vor: „Ohne
Zweifel ein echter Vermeer. Guthrie."
Wie elektrisiert sprang Anne auf, und ein nicht enden
wollender Redestrom entquoll dem Gehege ihrer
Zähne: „Ich wusste, dass es ein Vermeer war. Ich 135
wusste es! Sie wusste es nicht. Sie sprach immer über
Rembrandts und italienische Primitive und war dabei nicht imstande, einen Vermeer zu erkennen,
wenn er vor ihrer Nase hing. Sie quatschte dauernd
über Kunst und hatte keine Ahnung davon. Sie war 140
eine maßlos dumme Person. Sie wissen nicht, wie
langweilig es ist, sich Stunde für Stunde, Tag um Tag,
das gleiche Gewäsch anhören zu müssen, sagen zu
müssen: ‚O ja, Mrs. Lansquenet', und ‚Wirklich,
Mrs. Lansquenet?' Immer vortäuschen zu müssen, 145
interessiert zu sein, und sich dabei zu langweilen –
tödlich zu langweilen. Und nicht die geringste Aussicht, dass sich das ändern könnte, nichts, was eine
bessere Zukunft verspricht … Und dann – ein Vermeer! Ich las in der Zeitung, dass vor kurzem ein 150
Vermeer für über zehntausend Pfund verkauft worden war."
„Sie haben sie – auf diese grauenhafte Art umgebracht – für zehntausend Pfund?" Susans Stimme
klang ungläubig. 155
„Für zehntausend Pfund", sagte Monsieur Poirot,
„kann man eine wunderschöne Teestube kaufen und
einrichten …"
Anne wandte sich ihm zu. „Wenigstens verstehen
Sie mich. Es war die einzige Gelegenheit, die sich mir 160
bot. Ich brauchte Kapital." [...]
Inspektor Morton zerstörte den Zauber. Anne antwortete höflich und liebenswürdig: „Selbstverständlich komme ich sofort mit Ihnen. Ich möchte keine
Schwierigkeiten machen." [...] 165
Ruhig verließ sie mit ihm das Zimmer, und Susan
sagte erschüttert: „Es ist unvorstellbar – eine biedere
Mörderin!"

**Aufgaben**

1. Was ist passiert? Schreibe für die Polizei einen möglichst knappen Bericht.

2. Nachdem Hercule Poirot den Fall aufgeklärt hat, kennen die Leserinnen und Leser
   nicht nur die ganze Wahrheit, sie erfahren auch, wie die Täterin sie auf falsche Fährten gelockt hat.
   Markiere diese falschen Fährten im Text.

3. Poirot hat die Täterin überführt. Aber wie ist ihm das gelungen? Welche Hinweise hatte er? Notiere.

# Ein Balladen-Krimi

*Lulu von Strauß und Torney*

### Die Tulipan[1]

[…]

Es wandern zwei durch die Heide, die rot in Blüte steht,
Die waren vom Wind der Straßen zusammengeweht:
Ein brauner Schmiedegeselle mit krausem Haar,
Der fuhr durch Städte und Länder ins siebte Jahr;
5 Der andre ein junger Gärtner. Der spricht und lacht:
„Was daheim wohl die Mutter für Augen macht!
Meine lederne Katze[2] ist von Gulden[3] schwer,
Ich komme weit aus der Fremde, von Holland her.
Mir schenkte mein guter Meister, als ich wandern ging,
10 Hier diese Samenzwiebel, ein edel selten Ding,
Die trägt eine feine Blume, wie keiner im Dorf sie kennt,
Die zwischen den grünen Blättern rot wie Feuer brennt!

In meiner Mutter Garten, bei Minz und Majoran,
Da soll mir wachsen und blühen die Blume Tulipan!"
15 Der Braune schritt ihm zur Seite und horchte stumm,
Drei Birken standen am Wege, da sah er sich spähend um,
Es glomm ihm unter den Brauen ein gieriges Feuer an,
Es kam eine böse Stunde über den fahrenden Mann.
Er riss aus dem breiten Gurte den Schmiedehammer hervor, –
20 Kein Auge hat's gesehen, gehört kein menschlich Ohr:
Er scharrte eine Grube im Laub am Straßenrand,
Und vergaß die tote Tulipan in der wächsernen Totenhand. –

Im letzten Haus im Dorfe, da ging es kling und klang,
Dass rot der Funkenregen über die Straße sprang.
25 Es stand die junge Meisterin und spähte in Sonne und Wind:
„Du fremder brauner Geselle[4], was läufst du so geschwind?
Sie trugen um die Lichtmesszeit zu Grabe mir den Mann,
Was sprichst du in der Schmiede nicht das Handwerk an?" –
Die Erntesicheln gingen über das falbe[5] Land,
30 Als der fremde Geselle zuerst am Amboss stand,
Die raschelnden Blätter stoben im kalten Winde hin,
Da küsste er Feierabends seine Meisterin.
Und als die Straßen im Lande lagen weiß verschneit,
Da nähte die junge Wittib[6] sich wieder ein Hochzeitskleid. –

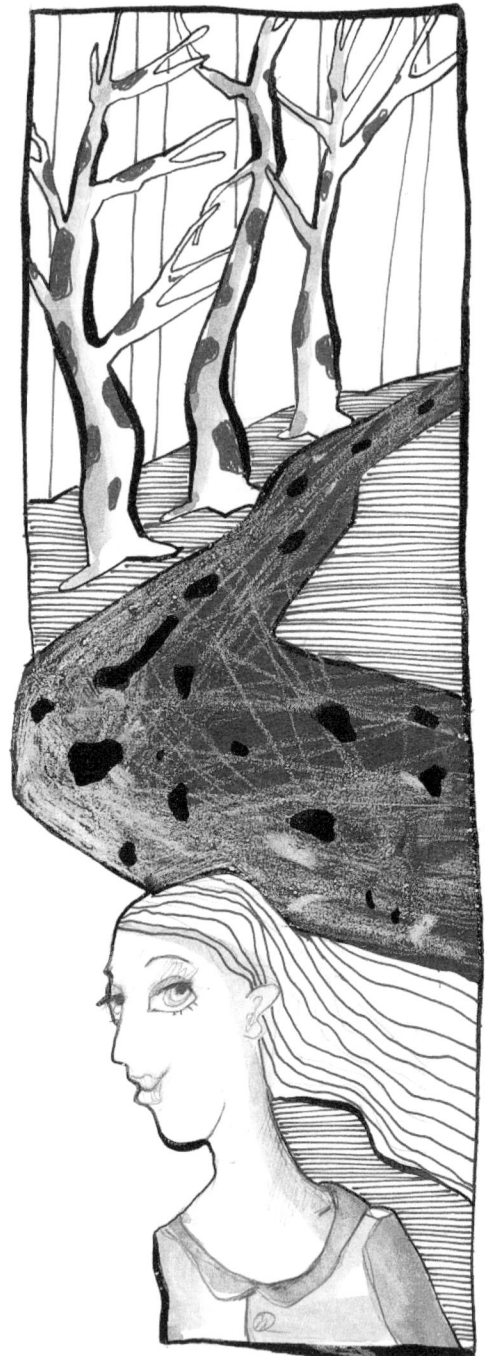

1 Tulipan: Tulpe; Tulpen waren zu der Zeit, in der die Ballade spielt,
   noch sehr selten und tatsächlich ein Vermögen wert.
2 Katze: Geldbeutel
3 Gulden: alte Währung
4 Geselle: Handwerker, die einen Beruf erlernt hatten, waren zunächst Gesellen.
   Gesellen arbeiteten angestellt oder wanderten auf der Suche nach einer Meisterstelle durchs Land;
   Meister konnte ein Geselle nur werden, wenn an einem Ort eine Meisterstelle frei war.
5 falbe: blasse
6 Wittib: Witwe

*Fortsetzung auf Seite 63*

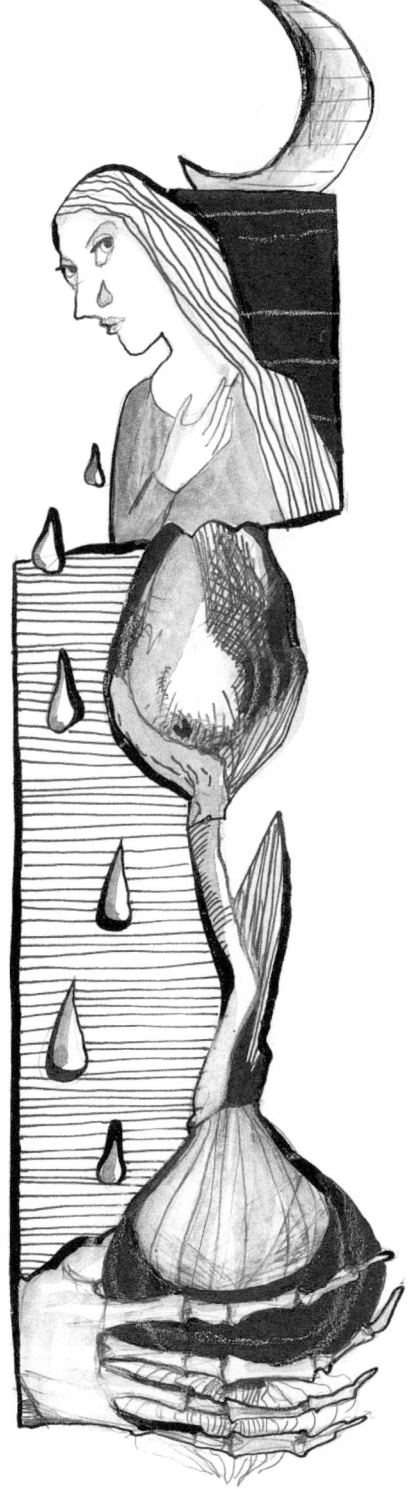

35 Es singt die blonde Meistersfrau den lieben langen Tag,
Und horcht vom Herd herüber auf den Hammerschlag.
Es führt der neue Meister den Schmiedehammer gut,
Er steht mit nackten Armen in roter Flackerglut,
Er sitzt an eignem Tische vor Weib und Hausgesind,
40 Als hätte sein Herz vergessen der Straßen Sonne und Wind.
Und stampft vor seiner Schmiede ein eisenloses Pferd,
Es ist des Reiters Woher, Wohin ihm keiner Frage wert,
Und kommt ein fechtender Bruder vorbei mit staubigem Schuh,
Er schlägt mit zornigem Gruße vor ihm die Türe zu.

45 Es singt die blonde Meistersfrau, solange die Sonne lacht,
Was stört sie auf vom Kissen in mancher Nacht?
Dumpf die Luft in der Kammer, die Wand von Mondlicht fahl,
Der Meister fährt vom Schlafe auf in irrer Qual,
Er schreit, als würgt ihm das Grauen die Kehle zu:
50 „Liegt Einer am Straßenrande, der gibt nicht Ruh!"
„Mann, wer gibt nicht Ruhe!" Sie fliegt am ganzen Leib.
Da schüttelt er wild die Fäuste: „Verflucht dein Lauschen, Weib!"
Grau der Wintermorgen, der ins Fenster scheint.
Finster des Meisters Stirne. Die Meisterin sitzt und weint.

55 Nun weht das linde Tauen ins Land hinein,
Es schmelzen die weißen Streifen am braunen Ackerrain,
Es geht ein Schwatzen der Stare über das Wiesenland,
Die Weidenkätzchen stäuben draußen am Straßenrand.
Draußen am Straßenrande wacht heimlich Leben auf:
60 Es hebt sich ein grüner Finger aus dürrem Laub herauf,
Der Finger reckt sich höher, wie wenn er droht,
Es bricht aus seiner Spitze ein dunkeltiefes Rot!

Kinder haben's gesehen, die kamen den Weg entlang,
Als der Küster Schule hielt, lief es von Bank zu Bank.
65 Der Schäfer trieb vorüber, der hob die Hand:
„Der Böse hat das Kraut gesät! Gott wende Krieg und Brand!"
Der Pfarrer aber schickt ins Feld des Mesners Sohn hinaus:
„Geh, grab mir für mein Gartenbeet das Herrgottswunder aus!" –

Der Bub hat um sein Messer die braune Faust gepresst:
70 Wie hält die schwarze Erde so zäh ihr Eigen fest!
Und wie die Schollen bröckeln, da blinkt ein fahles Weiß,
Und wie die Klinge tiefer gräbt, da wird ihm kalt und heiß, –
Er kommt im letzten Abendschein schreiend heimgerannt:
„Es wächst die Blume Tulipan aus einer Knochenhand!"
[…]

**Aufgabe**

1. Wie könnte die Ballade weitergehen? Schreibe ein mögliches Ende.

*Fortsetzung auf Seite 64*

**Aufgaben**

2. Lies das Ende der Ballade im Lösungsteil.

3. Setze die Ballade mit deinem eigenen Ende oder mit dem Originalende in einen Comic um.
   Gehe so vor:
   - Markiere in der Ballade die wichtigsten Handlungsschritte.
   - Fasse die Handlungsschritte kurz zusammen, zum Beispiel:
     *Zwei Handwerksgesellen, ein Gärtner und ein Schmied, wandern durch die Heide.*
     *Der Gärtner zeigt dem Schmied sein Geld und eine Tulpenzwiebel.*
     *Der Schmied erschlägt den Gärtner aus Geldgier.*
     *Er vergräbt die Leiche des Gärtners und vergisst dabei die Tulpenzwiebel.*
     *…*
   - Überlege dir genau, wie du die einzelnen Handlungsschritte in deinem Comic darstellen willst.
     Denke dabei auch an passende Sprechblasen oder Denkblasen.
   - Verwende die Zusammenfassung der Handlungsschritte als erklärende Untertexte
     für die einzelnen Comicbilder.
   - Zeichne deinen Comic auf ein DIN-A3-Blatt.
   - Gib deinem Comic zum Schluss eine passende Überschrift deiner Wahl.

Hier siehst du einen möglichen Anfang:

64

# Das Versprechen – ein Roman und seine Verfilmung

1. Sieh dir die folgenden Einstellungen aus der Verfilmung des Romans „Das Versprechen" genau an.

2. Um welche typische Szene aus einem Kriminalfilm handelt es sich?
   Tipp: Sieh dir die Bilder noch einmal an und achte besonders auf Mimik und Gestik der Schauspieler.
   a) Begründe deine Antwort mit Hilfe einzelner Einstellungen.
   b) Überprüfe deine Antwort, indem du den Romanausschnitt auf Seite 66 und 67 liest.

*Fortsetzung auf Seite 66*

*In Friedrich Dürrenmatts Roman ist ein Mädchen ermordet im Wald aufgefunden worden. Kommissar Matthäi hat die Aufgabe, die Eltern vom Tod der kleinen Gritli zu unterrichten.*

‚Im Mosbach' lag in einer kleinen moorartigen Niederung bei Mägendorf. Matthäi hatte den Dienstwagen im Dorfe verlassen und ging zu Fuß. Er wollte Zeit gewinnen. Schon von weitem sah er das Haus. Er
5 blieb stehen und wandte sich um. Er hatte Schritte gehört. Der kleine Bub und das Mädchen waren wieder da, mit gerötetem Gesicht. Sie mußten Abkürzungen benützt haben, anders war ihre erneute Gegenwart nicht zu erklären.
10 Matthäi ging weiter. Das Haus war niedrig, weiße Mauern mit dunklen Balken, darüber ein Schindeldach. Hinter dem Haus Obstbäume und im Garten schwarze Erde. Vor dem Hause hackte ein Mann Holz. Er blickte auf und bemerkte den herankom-
15 menden Kommissär.

„Was wünschen Sie?" sagte der Mann.

Matthäi zögerte, war ratlos, stellte sich dann vor und fragte, nur um Zeit zu gewinnen: „Herr Moser?"

„Der bin ich, was wollen Sie?" sagte der Mann noch
20 einmal. Er kam näher und blieb vor Matthäi stehen, das Beil in der Hand. Er mußte etwa vierzig sein. Er war hager, sein Antlitz zerfurcht, und die grauen Augen betrachteten den Kommissär forschend. In der Tür erschien eine Frau, auch sie in einem roten
25 Rock. Matthäi überlegte, was er sagen sollte. Er hatte sich dies seit langem überlegt, aber er wußte es immer noch nicht. Da kam ihm Moser zu Hilfe. Er hatte den Korb in Matthäis Hand erblickt.

„Ist Gritli etwas geschehen?" fragte er und sah aufs
30 neue Matthäi forschend an.

„Haben Sie Ihr Gritli irgendwohin geschickt?" fragte der Kommissär.

„Zu ihrer Großmutter in Fehren", antwortete der Bauer.
35 Matthäi überlegte; Fehren war das Nachbardorf.

„Ging Gritli diesen Weg öfters?" fragte er.

„Jeden Mittwoch- und Samstagnachmittag", sagte der Bauer und fragte dann in einer plötzlichen, jähen Angst: „Warum wollen Sie das wissen? Weshalb brin-
40 gen Sie den Korb zurück?"

Matthäi stellt den Korb auf den Baumstumpf, auf dem Moser Holz gehackt hatte.

„Das Gritli ist im Walde bei Mägendorf tot aufgefunden worden", sagte er.
45 Moser rührte sich nicht. Auch die Frau nicht, die immer noch in der Türe stand in ihrem roten Rock. Matthäi sah, wie dem Manne auf einmal Schweiß über das weiße Gesicht floß, Schweiß in Bächen. Er hätte gern weggeblickt, aber er war gebannt von die-
50 sem Gesicht, von diesem Schweiß, und so standen sie da und starrten einander an.

„Das Gritli ist ermordet worden", hörte sich Matthäi sagen, mit einer Stimme, die ohne Mitgefühl zu sein schien, was ihn ärgerte.

„Das ist doch nicht möglich", flüsterte Moser, „es
55 kann doch keine solchen Teufel geben", und dabei zitterte die Faust mit dem Beil.

„Es gibt solche Teufel, Herr Moser", sagte Matthäi. Der Mann starrte ihn an.

„Ich will zu meinem Kinde."
60
„Das würde ich nicht, Herr Moser. Ich weiß, es ist grausam, was ich jetzt sage, aber es ist besser, wenn Sie nicht zu Ihrem Gritli gehen."

Moser trat ganz nahe zum Kommissär, so nahe, daß sich die beiden Männer Auge in Auge gegenüber-
65 standen.

„Warum ist es besser?" schrie er.

Der Kommissär schwieg.

Noch einen Augenblick lang wog Moser das Beil in der Hand, als wollte er zuschlagen, doch dann wandte
70 er sich um und ging zu der Frau, die immer noch in der Türe stand. Noch immer ohne Bewegung, noch immer stumm. Matthäi wartete. Es entging ihm nichts, und er wußte auf einmal, daß er diese Szene nie mehr vergessen würde. Moser umklammerte sei-
75 ne Frau. Er wurde plötzlich von einem unhörbaren Schluchzen geschüttelt. Er barg sein Gesicht an ihrer Schulter, während sie ins Leere starrte.

„Morgen Abend dürfen Sie Ihr Gritli sehen", versprach der Kommissär hilflos. „Das Kind wird dann
80 aussehen, als ob es schliefe."

Da begann plötzlich die Frau zu sprechen.

„Wer ist der Mörder?" fragte sie mit einer Stimme, die so ruhig und sachlich war, daß Matthäi erschrak.
85
„Das werde ich schon herausfinden, Frau Moser." Die Frau schaute ihn nun an, drohend, gebietend.

„Versprechen Sie das?"

„Ich verspreche es, Frau Moser", sagte der Kommissär, auf einmal nur vom Wunsche bestimmt, den Ort
90 zu verlassen.

„Bei Ihrer Seligkeit?"

Der Kommissär stutzte. „Bei meiner Seligkeit", sagte er endlich. Was wollte er anders.

„Dann gehen Sie", befahl die Frau. „Sie haben bei
95 Ihrer Seligkeit geschworen."

Matthäi wollte noch etwas Tröstliches sagen und wußte nichts Tröstliches.

**66**

*Fortsetzung auf Seite 67*

„Es tut mir Leid", sagte er leise und wandte sich um.
100 Er ging langsam den Weg zurück, den er gekommen
war. Vor ihm lag Mägendorf mit dem Wald dahinter.
Darüber der Himmel nun ohne Wolken. Er erblickte
die beiden Kinder wieder, die am Straßenrand kauer-
ten, an denen er müde vorüberschritt und die ihm

trippelnd folgten. Dann hörte er plötzlich vom Hau- 105
se her, hinter sich, einen Schrei wie von einem Tier.
Er beschleunigte seinen Schritt und wußte nicht, ob
es der Mann oder die Frau war, das so weinte.

*Friedrich Dürrenmatt*     R

**Aufgaben**

3. Der Film hält sich weitgehend an die Romanvorlage.
   a) Markiere Sätze, die die Figuren auf Seite 65 sprechen könnten.
   b) Schreibe neben die markierten Sätze die passenden Einstellungsnummern.

4. Bei welchen Einstellungen würdest du als Regisseur auf Dialoge verzichten?
   Begründe deine Wahl.

_____

_____

_____

_____

_____

_____

5. Lies den Pinnzettel zur Großaufnahme.
   Überlege dann, bei welchen Einstellungen
   du eine Großaufnahme gewählt hättest.
   Begründe deine Wahl.

> **Großaufnahme:**
> Bei der Großaufnahme von einer Figur
> wird nur das Gesicht der Figur gezeigt.
> Dadurch sind Gefühle und Gedanken
> der Figur besonders gut zu erkennen.

_____

_____

_____

_____

_____

_____

_____

_____

# Jerry Cotton – millionenfach verkauft und doch verrufen

*1954 erschien das erste Heft um einen FBI-Agenten aus Manhattan. Über 3 000 Fälle hat der Agent Jerry Cotton mit seinem Team inzwischen gelöst. Er ist in 14 Sprachen übersetzt, über 850 Millionen Mal verkauft und das echte FBI musste einen erklärenden Standardbrief für die deutschen Fans entwickeln, die sich nach dem Mitarbeiter Jeremias Cotton erkundigten. – Auf den folgenden Seiten kannst du einen Blick in die Cotton-Welt werfen …*

**Aufgabe**

1. Lies die Charakterisierung, die Jerry-Cotton-Titel und den Textausschnitt auf Seite 69 durch.
   Was für einen ersten Eindruck hast du von der Jerry-Cotton-Welt? Notiere.

## Zur Charakterisierung der Figur

Jerry ist Mitte dreißig, schwarzhaarig, gut aussehend, etwa 1,85 m groß, sehr sportlich und durchtrainiert. Er wurde in Boxen und mehreren asiatischen Nahkampfsportarten ausgebildet, ist ein hervorragender
5 Schütze sowohl mit Pistole, Revolver oder Gewehr und kann Hubschrauber und kleinere Flugzeuge fliegen, wurde sogar dafür ausgebildet, Kampfjets zu fliegen.

Jerry Cotton ist ein umgänglicher und sympathischer
10 Typ, der stets sofort Freunde findet, weltoffen und tolerant gegenüber Andersdenkenden und anderen Kulturen, von denen es in New York so ziemlich alle anzutreffen gibt. Cotton ist jemand, der stets für seine Mitmenschen da ist, gerne hilft. Er hasst das Ver-
15 brechen, nicht die Verbrecher, und er kämpft im Grunde nicht gegen etwas, sondern für die Menschen seiner Stadt und für New York, das er liebt und inzwischen als seine Heimat ansieht.

Sein einziges Hobby ist sein roter Jaguar, den er aber nur noch privat und nicht mehr dienstlich fährt. 20 Ansonsten geht er voll und hundertprozentig in seinem Job auf. Bei den Frauen kommt Jerry sehr gut an. Das liegt nicht nur an seinem sympathischen Charakter – er hat auch das gewisse Etwas, aber trotz vieler Flirts und wechselnder Freundinnen ist Jerry 25 niemand, der das ausnutzen würde oder ein Schürzenjäger wäre. Sein bester Freund ist Phil Decker, der zudem sein Dienstpartner ist. Die beiden hängen auch privat häufig zusammen, gehen nach Dienstschluss gern mal einen trinken und machen hin und 30 wieder sogar gemeinsam Urlaub. Eine tiefe Freundschaft, wie sie nur sehr selten vorkommt.

*www.jerrycotton.de*

**Einige Jerry-Cotton-Titel**

- Der Armbrust-Killer
- Soldaten-Ehre
- Die Bestie, die in dir schlummert
- Das Girl, das vor die Hunde ging
- Inferno in der grünen Hölle
- Der Teufel, die Toten und wir
- Das Todesspiel des Harry Dean
- Mein heißer Deal in New Orleans
- Im Auftrag des Schakals
- Der Pestbote

*Fortsetzung auf Seite 69*

**Leseprobe aus Band 2149: „Marathon des Todes"**

⊙

Der Plan stand fest. Phil und ich würden als ganz normale Läufer getarnt am New-York-Marathon teilnehmen. Auf der ganzen Strecke hatten sich unsere Kollegen postiert. Sie würden ein Auge auf die an ihnen vorbeilaufenden Menschenmassen haben, und wir standen mit ihnen durch unsere Handys in ständiger Verbindung.

Selbstverständlich trugen mein Kollege und ich auch unsere Smith & Wessons in der Gürtelhalfter unter den Jogginganzügen. Wir waren nicht so selbstmörderisch, einem gefährlichen Killer wie Toby Hancock unbewaffnet gegenüberzutreten.

Ich streifte zwischen den Teilnehmern des Marathons umher. Meine Augen waren überall. Okay, unter Tausenden von Menschen in ähnlicher Kleidung einen bestimmten herauszufinden, mag den meisten Leuten unmöglich erscheinen. Aber ich bin Special Agent des FBI und habe in meinen vielen Dienstjahren solche und ähnliche Aufgaben zu meistern gelernt. Manchmal braucht man aber auch noch ein Quäntchen Glück. Und das hatte ich an diesem Morgen vor der Public Library nicht.

Ich hoffte auf den Moment, wenn die Läufer in die Busse verladen wurden, die sie nach Staten Island bringen sollten. Dann bildeten sich mehr oder weniger ordentliche Schlangen vor den Bustüren. Die beste Gelegenheit, um sich die Leute unauffällig anzuschauen.

Kopfschmerzen bereitete mir auch Sharon Fry. Ob sie wohl wirklich durchdrehte? Trotz intensiver Fahndung hatten wir sie nicht gefunden. Das Apartment ihres toten Freundes schien sie jedenfalls nicht mehr betreten zu haben. Und in ihrem Bekanntenkreis wusste angeblich auch niemand, wo sie sein konnte. Wir hatten sogar einen Psychiater aufgetrieben, bei dem sie wegen Depressionen in Behandlung war. Er behauptete, es würde ihr besser gehen. Aber war das wirklich ein Zeichen von Heilung, wenn sie zur Mörderin werden wollte?

Ich stutzte. War sie das nicht, diese junge Frau da vorne? Die in dem pinkfarbenen Jogginganzug? Ich musste mir Gewissheit verschaffen.

Sie schien mich bemerkt zu haben und setzte sich in einen leichten Trab. Auch ich beschleunigte meine Schritte.

Sie verschwand in einer Menge, die vor einem der ersten Busse wartete. Ich versuchte, sie nicht aus den Augen zu verlieren.

Da packte mich jemand am Kragen!

⊙

## Aufgaben

2. Obwohl die Jerry-Cotton-Hefte sehr erfolgreich sind, gelten sie als seicht oder sogar als Schund. Überprüfe diese Behauptungen anhand der Leseprobe.

   a) Notiere, was dir zur Qualität des Inhalts auffällt.

   _____

   _____

   b) Beurteile die Qualität der Sprache.

   _____

   _____

   c) Fasse dein Urteil über die Qualität der Jerry-Cotton-Hefte in einem Satz zusammen.

   _____

   _____

3. Wie erklärst du dir den Erfolg Jerry Cottons? Sammle mögliche Gründe.

**69**

# Dürfen Fernsehkommissare ein Privatleben haben? Kritik am „Tatort"

*Seit 1970 gibt es Tatort-Krimis, mittlerweile mehr als 600. Immer wieder zählen die Sendungen zu den Quotenhits. Trotzdem gibt es auch Kritik, wie der folgende Zeitungsartikel zeigt.*

## Wenn es am Tatort zu sehr menschelt

*Bitte recht kitschig: Beim Krimi-Klassiker der ARD werden die Geschichten dünner und die Gefühle größer: Der „Tatort" wird zum Melodram*

Immer muss einer verliebt sein. In die schönste Zeugin. Oder in die, die am tiefsten im Zwielicht steht. In die geheimnisvolle Fremde. Oder in die neue Kollegin. Und die Kommissarinnen sind auch nicht

5 besser. Mal machen die halbwüchsigen Töchter Ärger, mal die trotteligen Assistenten oder das unverbindliche Rendezvous von neulich. Der väterliche Chef stirbt. Oder der Ehemann fühlt sich zurückgesetzt. Dafür fühlt Hauptkommissar Batic

10 aus München sich hingezogen zur blonden Zeugin. Ein Interessenkonflikt entwickelt sich, aber wen soll das interessieren, wenn die Story sonst nichts zu bieten hat? Hauptkommissar Leitmayr, ebenfalls aus der bayerischen Hauptstadt, fällt vom Dach und

15 landet im Schlafzimmer einer am Fall unbeteiligten Dame, in die er sich verliebt. Später stellt sich heraus, dass die Dame doch beteiligt ist. Interessenkonflikt. In den Tiroler Bergen stirbt während dörflicher Passionsspiele der Jesus-Darsteller am Kreuz.

20 Die zuständige Polizeibeamtin kennt sämtliche Beteiligten, mehr oder weniger intim. Interessenkonflikt … Was ist nur aus dem guten alten „Tatort" geworden? Eine Seifenoper?
Offenbar ja. Einer hat angefangen, andere haben

25 nachgelegt, und jetzt machen es alle. Der Trend geht eindeutig zum Melodram. Der Fall wird Nebensache, das Gefühlsleben der Ermittler rückt immer mehr in den Mittelpunkt. Was bei Schimanski in den Achtzigern noch neu, mutig und aufre-

30 gend war und vor allem die Ausnahme, wirkt heute abgenutzt und einfallslos. Auf einmal wurde es Mode, die Kommissare durch persönliche Krisen zu hetzen, eine Maßnahme, die zunächst den gewünschten Effekt hatte: Batic, Ballauf und Co. wur-

35 den zu Helden, mit denen das Publikum sich identifizieren konnte. Dann wurde aus der guten Idee eine Masche, und immer mehr „Tatorte" entstanden nach dem Muster: konfliktreich und handlungsarm.

40 Loyale Seher kriegen am Sonntagabend häufiger die Krise. „Was zum Teufel sollte das denn?", fragte neulich nach „Totentanz" Johanna, die fast jeden „Tatort" kennt und früher sogar mal Batic heiraten

wollte. „Wenn ich Teenie-Kitsch sehen will, schalte ich Teenie-Kitsch ein." Johanna ist kein Einzelfall. 45 Eine Umfrage belegt, dass trotz stabiler Quoten viele Zuschauer unzufrieden mit dem Krimi-Klassiker sind. Zu viele Ermittler, Masse statt Klasse, so die Hauptkritikpunkte. Nach mehr als 500 „Tatorten" scheint Autoren und Regisseuren die kriminelle 50 Fantasie auszugehen. Mehr Drama, am besten Melodrama, dient als Mittel gegen den Muff von 30 Jahren, wobei dem Herzeleid der Beamten besonders viel Sendezeit gewidmet wird.
Kommissar Ballauf aus Köln werden zwei Freun- 55 dinnen und ein Vater erschossen, Partner Freddy hat ständig Ärger mit der Tochter. Lena Odenthal aus Ludwigshafen wird regelmäßig entführt, angeschossen, suspendiert oder von Aliens belästigt. Berlins Kommissar Ritter gerät nach missglücktem 60 One-Night-Stand unter Mordverdacht […] Die neue Gefühlsseligkeit der Drehbücher verführt zu schlampiger Erzählweise. Das verschleißt interessante Charaktere, macht verwechselbar und schädigt so die Marke „Tatort". Dennoch drängt es die 65 Verantwortlichen zum Melodram. Man wolle sich vom übrigen Krimi-Angebot absetzen, sagt Helga Poche vom WDR. „Die Zuschauer sind emotional stärker eingebunden, wenn die Hauptakteure auch mal verwickelt sind." Mag sein. Ärger ist auch eine 70 Emotion. *Ira Panic*

**Aufgaben**

1. Erkläre mit Hilfe des Zusammenhangs, was ein „Melodram" ist.

2. Worin besteht nach der Autorin der Interessenkonflikt, in dem sich viele Tatortkommissare befinden? Erkläre.

3. Fasse die Kritik der Autorin kurz zusammen.

4. Prüfe, ob die Autorin Argumente und Belege für ihre Meinung anführt.

5. Markiere Argumente im Text, die für einen melodramatischen Krimi sprechen.

6. Nimm zur Kritik der Autorin persönlich Stellung.

7. Informiert euch im Internet über den „Tatort" (www.tatort.de) und gestaltet ein Tatort-Quiz. Geht so vor:
   • Schreibt Fragen und Antworten rund um die Tatort-Krimis auf Karteikarten.
   • Bildet zwei Gruppen, mischt die Karten und verteilt sie. Jede Gruppe erhält eine Hälfte.
   • Gefragt wird abwechselnd, jede richtige Antwort gibt einen Punkt.

Wie hieß der 600. Tatort?

Wann lief der erste Tatort?

Wie heißen die Kommissare vom Kölner Tatort?

# Dorothy L. Sayers: Ganz woanders

Lord Peter Wimsey, Oberinspektor Parker vom C. I. D. und Inspektor Henley von der Baldocker Polizei saßen zusammen in der Bibliothek des Hauses „The Lilacs".

5 „Du siehst also", sagte Parker, „dass die Hauptverdächtigen zu der Zeit ganz woanders waren."

„Was verstehst du darunter?", wollte Wimsey wissen. Er war in gereizter Stimmung, da Parker ihn ohne Frühstück hier nach Wapley geschleppt hatte.

10 „Meinst du damit, dass sie den Mordschauplatz nicht erreichen konnten, ohne über hundertsechsundachtzigtausend Meilen pro Sekunde zu fahren? Wenn nicht, waren sie nicht ganz woanders, sondern nur relativ und scheinbar woanders."

15 „Um Himmels willen, verschone uns mit deiner Wortklauberei. Jedenfalls waren sie nicht hier. Und nun, Inspektor, lassen wir sie am besten einzeln eintreten, damit ich mir ihre Aussagen noch einmal anhören kann. Zunächst den Butler."

20 Der Inspektor steckte den Kopf zur Tür hinaus und rief: „Hamworthy!" Der Butler legte ohne Zaudern los.

„Zwanzig Jahre habe ich in den Diensten des verstorbenen Mr. Grimbold gestanden, und er war für mich
25 stets ein guter Gebieter, zwar streng, aber gerecht. Ich weiß, dass er als harter Geschäftsmann galt. Er war Junggeselle, aber er hat seine beiden Neffen, Mr. Harcourt und Mr. Neville, aufgezogen und war sehr gut zu ihnen. In seinem Privatleben würde ich ihn
30 als freundlichen, rücksichtsvollen Mann bezeichnen. Sein Beruf? Nun ja, man könnte ihn wohl einen Geldverleiher nennen.

Die Vorgänge der letzten Nacht, Sir? Wie üblich verschloss ich das Haus um halb acht Uhr – Mr. Grim-
35 bold legte großen Wert auf Pünktlichkeit und Ordnung. Ich schloss alle Fenster im Erdgeschoss, die sämtlich diebessichere Schließhaken haben. Auch verriegelte ich die Haustür und legte die Kette vor."
„Und die Tür zum Wintergarten?"

40 „Die hat ein Schnappschloss, Sir. Ich habe wohl darauf geachtet, dass die Tür geschlossen war, aber nicht den Sicherheitshebel herabgedrückt. Das war Usus, Sir, für den Fall, dass Mr. Grimbold länger durch Geschäfte in der Stadt aufgehalten wurde. Dann
45 konnte er herein, ohne jemanden zu stören." „Gestern Abend hatte er doch keine Geschäfte in der Stadt, wie?" „Nein, Sir, aber das Schloss blieb immer so. Ohne Schlüssel konnte niemand herein, und den trug Mr. Grimbold an seinem Bund." „Existiert kein
50 zweiter Schlüssel?"

„Ich glaube, Sir, ...", der Butler hüstelte verlegen, „obgleich ich es nicht mit Sicherheit weiß, dass ein anderer im Besitz einer Dame ist, die augenblicklich in Paris weilt." „Aha. Mr. Grimbold war ungefähr
55 sechzig Jahre alt, nicht wahr? Wie heißt diese Dame?"

„Mrs. Winter, Sir. Sie wohnt in Wapley, aber seit dem Tode ihres Gatten im letzten Monat hat sie, soweit ich unterrichtet bin, im Ausland gelebt." „Aha. Vielleicht notieren Sie das, Inspektor. – Und wie steht's
60 mit den oberen Räumen und der Hintertür?"

„Die Fenster in den oberen Räumen waren ebenfalls verriegelt, außer in den Schlafzimmern von Mr. Grimbold, der Köchin und mir. Aber ohne Leiter konnte niemand einsteigen, und die Leiter ist im
65 Schuppen verschlossen." „Das stimmt", mischte sich Inspektor Henley ein. „Wir haben das gestern Abend nachgeprüft. Der Schuppen war verschlossen, und außerdem hingen Spinngewebe zwischen der Leiter und der Wand. Die Schlösser an Türen und
70 Fenstern waren ebenfalls in Ordnung. Weiter, Hamworthy." „Ja, Sir. Während ich durchs Haus ging, kam Mr. Grimbold nach unten in die Bibliothek, um sein Glas Sherry zu trinken. Um Viertel vor acht wurde die Suppe aufgetragen, und ich rief Mr. Grimbold
75 zum Essen. Er saß, wie immer, am Ende der Tafel, gegenüber der Durchreiche." „Mit dem Rücken zur Bibliothekstür", sagte Parker und machte ein Zeichen auf dem grob skizzierten Zimmerplan, der vor ihm lag. „War die Tür geschlossen?"
80
„Ja, Sir. Sämtliche Türen und Fenster waren geschlossen." „Anscheinend ein sehr zugiger Raum", bemerkte Wimsey. „Zwei Türen und eine Durchreiche und zwei lange Glastüren zur Terrasse." „Jawohl, Mylord. Aber sie schließen alle sehr gut, und die Vor-
85 hänge waren zugezogen."

Seine Lordschaft ging auf die Verbindungstür zu und öffnete sie. „Ja", meinte er, „eine gute, schwere Tür, die sich unheimlich leise in den Angeln bewegt."

„Mr. Grimbold brauchte gewöhnlich fünf Minuten,
90 um seine Suppe zu essen. Dann brachte ich den Fasanenbraten und wollte Mr. Grimbold gerade das Gemüse servieren, als das Telefon klingelte. Mr. Grimbold sagte: ‚Gehen Sie nur hin, ich bediene mich schon selbst.'" „War es dieser Apparat oder der in der
95 Diele?" „Der in der Diele. Den benutze ich immer, außer ich bin gerade in der Bibliothek, wenn es klingelt. Der Anruf kam von Mr. Neville Grimbold aus London, Sir. Er und Mr. Harcourt bewohnen eine Etage in der Jermyn Street. Mr. Neville, dessen Stim-
100 me ich erkannte, sagte: ‚Sind Sie es, Hamworthy? Einen Augenblick. Mr. Harcourt möchte mit Ihnen sprechen.' Er legte den Hörer hin, und dann kam Mr. Harcourt. Er sagte: ‚Hamworthy, ich möchte heute Abend hinüberkommen, um mit meinem Onkel zu
105 sprechen, wenn er zu Hause ist.' Ich erwiderte: ‚Ja,

*Fortsetzung auf Seite 73*

Sir, ich will es ausrichten.' Die jungen Herren kamen oft für ein paar Nächte hierher, Sir, und wir halten ihre Zimmer stets bereit. Mr. Harcourt sagte, er werde sofort aufbrechen und gegen halb zehn hier sein. Während er sprach, hörte ich die große Standuhr in ihrer Wohnung acht schlagen. Unmittelbar darauf schlug unsere Uhr in der Diele, und dann hörte ich, wie das Amt sagte: ‚Drei Minuten.' Also muss der Anruf um drei Minuten vor acht gekommen sein, Sir." „Dann besteht also kein Zweifel hinsichtlich der Zeit. Wenigstens ein Trost. Was geschah dann, Hamworthy?"

„Mr. Harcourt verlangte weitere drei Minuten, weil Mr. Neville noch etwas zu sagen habe, und dann war Mr. Neville wieder am Apparat. Er teilte mir mit, dass er bald nach Schottland fahre, und bat mich, einen Anzug, Strümpfe und Hemden zu senden, die er hier zurückgelassen hatte. Der Anzug sollte zuerst in die Reinigungsanstalt geschickt werden, und da er mir noch mehr Instruktionen erteilte, verlangte er weitere drei Minuten. Das war also um 8.03, Sir. Und etwa eine Minute später, während er noch sprach, klingelte die Haustürglocke. Da ich nicht vom Telefon fortgehen konnte, musste der Besucher warten, und um fünf Minuten nach acht ertönte die Glocke abermals. Ich wollte Mr. Neville gerade bitten, mich zu entschuldigen, als ich die Köchin zur Haustür gehen sah. Mr. Neville bat mich, die Instruktionen zu wiederholen, und dann unterbrach uns das Amt wieder. Also beendete er das Gespräch, und als ich mich umdrehte, sah ich, wie die Köchin gerade die Tür zur Bibliothek schloss. Ich ging ihr entgegen, und sie sagte mir: ‚Dieser Mr. Payne will wieder mal mit Mr. Grimbold sprechen. Ich habe ihn in die Bibliothek geführt, aber mir gefällt seine drohende Miene nicht.' Ich erwiderte: ‚Ich werde ihn mir schon vornehmen', und die Köchin ging wieder in die Küche."

„Einen Augenblick", warf Parker ein. „Wer ist Mr. Payne?" „Einer von Mr. Grimbolds Klienten, Sir. Er wohnt etwa fünf Minuten von hier entfernt und hat schon öfters Scherereien gemacht. Ich glaube, er schuldet Mr. Grimbold Geld und wünschte einen Zahlungsaufschub." „Er wartet draußen in der Diele", fügte Henley hinzu. „Ach?", sagte Wimsey. „Der unrasierte Bursche mit dem finsteren Gesicht, dem Eschenstock und dem blutbefleckten Rock?"

„Ganz richtig, Mylord", bestätigte der Butler und wandte sich wieder an Parker. „Nun, Sir, ich wollte gerade in die Bibliothek gehen, als mir plötzlich einfiel, dass ich noch nicht den Rotwein ins Esszimmer gebracht hatte, und ich befürchtete, dass Mr. Grimbold ärgerlich sein würde. Also holte ich den Wein aus der Anrichte, wo ich ihn zum Anwärmen vor das Fenster gestellt hatte. Es dauerte nicht länger als eine Minute, Sir, bis ich wieder im Esszimmer war. Und dann, Sir …", die Stimme des Butlers begann zu zittern, „dann sah ich, dass Mr. Grimbold vornüber auf den Tisch gefallen war, direkt über seinen Teller. Ich dachte, ihm sei schlecht geworden, und eilte auf ihn zu. Da entdeckte ich, dass er … dass er tot war, Sir, mit einer schrecklichen Wunde im Rücken." „Keine Waffe zu sehen?"

„Ich habe keine bemerkt, Sir. Die Wunde hatte stark geblutet. Ich wurde fast ohnmächtig und war zunächst völlig ratlos. Dann stürzte ich an die Durchreiche und rief nach der Köchin. Sie kam sofort und stieß einen fürchterlichen Schrei aus, als sie unseren Herrn sah. Dann erinnerte ich mich an Mr. Payne und öffnete die Tür zur Bibliothek. Er erkundigte sich sogleich, wie lange er noch warten müsse. Ich erwiderte: ‚Etwas Entsetzliches ist geschehen! Mr. Grimbold ist ermordet worden!' Er drängte sich an mir vorbei ins Esszimmer und fragte als Erstes: ‚Sind die Glastüren offen?' Er zog den Vorhang der Glastür, die der Bibliothek am nächsten stand, zurück, und sie stand tatsächlich offen. ‚Auf diese Weise ist er entkommen', rief er und wollte hinauseilen. Ich sagte: ‚Halt, bleiben Sie hier', weil ich glaubte, er wolle entfliehen, und hielt ihn fest. Er schimpfte und fluchte, und dann sagte er: ‚Mein guter Mann, nehmen Sie Vernunft an. Der Kerl gewinnt ja einen zu großen Vorsprung. Man muss hinter ihm her!' "

„Haben Sie bemerkt", fragte Parker, „ob Mr. Payne Blutflecken am Anzug hatte?"
„Nein, Sir. Als ich ihn zuerst sah, stand er hier im hellen Licht, und ich hätte es bestimmt gesehen."
„Jetzt möchte ich mit den beiden Neffen sprechen. Sind sie gut mit ihrem Onkel ausgekommen?"
„Ja, sehr gut. Hatten nie Meinungsverschiedenheiten. Es war ein schwerer Schlag für sie, Sir. Sie waren ganz außer sich, als Mr. Grimbold im Sommer krank wurde." „Krank? Was fehlte ihm denn?"
„Herzgeschichten, Sir, im vergangenen Juli. Es ging ihm sehr schlecht, und wir mussten Mr. Neville kommen lassen. Aber danach hatte er sich wunderbar erholt, Sir, nur schien er seine gewohnte Heiterkeit eingebüßt zu haben." „Wem hat er sein Geld hinterlassen?", erkundigte sich Parker. „Das weiß ich nicht, Sir. Vermutlich den beiden jungen Herren, obwohl sie selbst auch Vermögen besitzen. Aber darüber wird Ihnen Mr. Harcourt Auskunft geben können. Er ist der Testamentsvollstrecker."

„Na schön, Hamworthy. Rufen Sie bitte Mr. Harcourt herein." Mr. Harcourt Grimbold war ein energischer Mann von etwa fünfunddreißig Jahren. Er erklärte, dass er Börsenmakler und sein Bruder Beamter im

*Fortsetzung auf Seite 74*

*Fortsetzung von Seite 73*     **Dorothy L. Sayers: Ganz woanders**

Gesundheitsministerium sei. Seit ihrem elften beziehungsweise zehnten Lebensjahr seien sie von ihrem
215 Onkel großgezogen worden. Ihm sei bekannt, dass sein Onkel viele Geschäftsfeinde hatte, aber er selbst habe nur Güte von ihm erfahren.

„Ich fürchte, ich kann Ihnen nicht viel über diesen schrecklichen Vorfall sagen, da ich gestern Abend
220 erst um Viertel vor zehn hier ankam, und da war natürlich schon alles vorbei.“ „Das war etwas später, als Sie einzutreffen hofften, nicht wahr?“

„Ja, ein wenig. Mein Rücklicht ging unterwegs aus, und ich wurde von einem Polizisten angehalten. Ich
225 fuhr dann in eine Garage in Welwyn, wo man den Schaden reparierte, was natürlich einen Aufenthalt bedeutete.“ „Es sind ungefähr vierzig Meilen von hier nach London, ja?“ „Etwas mehr. Gewöhnlich rechne ich um diese Abendzeit eine Stunde und fünf-
230 zehn Minuten von Tür zu Tür.“ „Wann sind Sie von London abgefahren?“

„Gegen zwanzig nach acht, denke ich. Neville hat mir den Wagen aus der Garage geholt, während ich meine Zahnbürste und dergleichen einpackte.“ „Vor
235 Ihrer Abfahrt wussten Sie also nichts von dem Tode Ihres Onkels?“ „Nein. Man hat erst nach meinem Aufbruch daran gedacht, bei mir anzurufen. Die Polizei versuchte später, Neville zu erreichen, aber er war in seinen Klub gegangen. Ich habe ihn dann von
240 hier aus selbst angerufen, und er ist heute Morgen gekommen.“

„Mr. Grimbold, können Sie uns etwas über die Angelegenheiten Ihres verstorbenen Onkels berichten?“

„Sie meinen wohl sein Testament. Die Erben sind
245 ich, Neville und Mrs. Winter. Haben Sie schon von ihr gehört?“ „Etwas, ja.“

„Und dann bekommt der alte Hamworthy natürlich ein hübsches kleines Nestei, und die Köchin wird bedacht. Ferner erhält der Prokurist meines Onkels
250 ein Vermächtnis von fünfhundert Pfund. Aber der Hauptbetrag fällt an uns und Mrs. Winter. Aber wie viel es ist, davon habe ich nicht die leiseste Ahnung. Ich weiß nur, dass es sich um eine ziemlich beträchtliche Summe handelt. Der alte Herr hat keiner Men-
255 schenseele verraten, wie viel er wert war, und wir haben uns nie darum gekümmert. Ich habe ein ziemlich gutes Einkommen, und Nevilles Gehalt stellt eine schwere Last für das langmütige Publikum dar.“
260 „Hat Hamworthy wohl gewusst, dass er ein Legat erhalten sollte?“ „O ja. Da war kein Geheimnis. Er sollte lebenslang jährlich zweihundert Pfund bekommen, vorausgesetzt, dass er beim Tode meines Onkels noch in dessen Diensten stand.“ „Und er war
265 nicht gekündigt, oder?“

„N-nein. Nein. Nicht anders als gewöhnlich. Mein Onkel kündigte nämlich allen ungefähr einmal im Monat, um das Beste aus ihnen herauszuholen. Aber es blieb nur bei der Drohung.“

270 „Aha. Darüber müssen wir noch mal mit Hamworthy sprechen. Nun zu dieser Mrs. Winter. Was wissen Sie über sie?“

„Sie ist eine nette Frau. Seit zig Jahren die Freundin meines Onkels. Aber ihr Mann hat praktisch seinen Verstand versoffen. Man kann es ihr daher nicht
275 übelnehmen. Ich habe ihr heute Morgen telegrafiert, und soeben ist ihre Antwort eingetroffen.“

Er reichte Parker ein aus Paris abgeschicktes Telegramm folgenden Wortlauts: „Äußerst betroffen und betrübt. Kehre sofort zurück. In tiefer Teilnahme,
280 Lucy.“

„Sie stehen demnach in einem freundschaftlichen Verhältnis zu ihr?“ „Mein Gott, ja. Warum nicht? Sie hat uns immer sehr leidgetan. Onkel William wäre am liebsten mit ihr woanders hingefahren, aber sie
285 wollte Winter nicht verlassen. Jetzt, wo Winter endlich ins Gras gebissen hat, wollten sie eigentlich heiraten. Sie ist erst etwa achtunddreißig, und es ist Zeit, dass sie endlich etwas von ihrem Leben hat, die Ärmste.“ „Abgesehen von dem Geld, hatte sie also
290 eigentlich nicht viel durch den Tod Ihres Onkels zu gewinnen, wie?“

„Gar nichts. Es sei denn, sie wollte einen jüngeren Mann heiraten und befürchtete, den Betrag zu verlieren. Aber ich glaube, sie war dem alten Knaben
295 ehrlich zugetan. Jedenfalls kann sie ihn nicht ermordet haben, da sie in Paris ist.“

„Hm“, sagte Parker. „Das nehmen wir an. Aber wir vergewissern uns am besten. Ich werde beim Yard anrufen. Bekomme ich das Amt direkt über diesen
300 Apparat? Oder muss ich mich in der Diele verbinden lassen?“

„Nein“, erwiderte der Inspektor, „Sie können auch von hier aus anrufen. Es sind Parallelanschlüsse.“

„Na schön, Mr. Grimbold, im Augenblick brauchen
305 wir Sie nicht weiter zu bemühen.“

Sobald Parker sein Telefongespräch mit Scotland Yard beendet hatte, ließ er Neville Grimbold kommen, der seinem Bruder sehr ähnlich sah. Er war nur etwas schlanker und wortgewandter, wie sich das für
310 einen Beamten geziemt. Er hatte der Aussage seines Bruders nichts hinzuzufügen und erwähnte nur, dass er von 20.20 bis gegen 22 Uhr im Kino und anschließend in seinem Klub war, sodass er erst später am Abend von der Tragödie hörte.
315 Als nächste Zeugin erschien die Köchin, die mit vielen Worten sehr wenig sagte. Danach blieb nur noch das Interview mit Mr. Payne.

*Fortsetzung auf Seite 75*

*Fortsetzung von Seite 74*  **Dorothy L. Sayers: Ganz woanders**

Mr. Payne war von einer fast aggressiven Offenheit.
320 Er war von Mr. Grimbold sehr hart behandelt worden. Mit Wucherzinsen und Zinseszinsen hatte er bereits den fünffachen Betrag des ursprünglichen Darlehens bezahlt, und jetzt hatte Mr. Grimbold ihm einen weiteren Zahlungsaufschub verweigert und
325 seine Absicht angekündigt, die Sicherheit – Mr. Paynes Haus und Land – für verfallen zu erklären. Dies war umso brutaler, als die Aussicht bestand, dass Mr. Payne die ganze Schuld in sechs Monaten abtragen konnte. Seiner Ansicht nach hatte der alte Grim-
330 bold so gehandelt, um die Rückzahlung zu verhindern, weil er den Besitz an sich reißen wollte. Grimbolds Tod hatte die Situation gerettet, weil die Bezahlung der Schuld nun bis zu dem genannten Zeitpunkt aufgeschoben wurde. Mit Vergnügen hät-
335 te Mr. Payne den alten Grimbold ermordet, aber dennoch war er nicht der Täter. So war es, mochten sie es glauben oder nicht. Wenn Hamworthy, dieser alte Dummkopf, ihm nicht in die Quere gekommen wäre, hätte er den Mörder geschnappt. Wenn Hamwor-
340 thy überhaupt ein Dummkopf war, was er sehr bezweifelte. Blut? Jawohl, er hatte Blut am Rock. Das kam daher, weil Hamworthy ihn an der Glastür festgehalten hatte. Hamworthys Hände waren voller Blut, als er in der Bibliothek erschien. Zweifellos von
345 der Leiche.

„Mr. Payne", fiel Lord Peter ein, „sagen Sie mir doch bitte eins. Als Sie den Klamauk im Esszimmer hörten, warum sind Sie da nicht sofort hineingegangen, um die Ursache festzustellen?"
350 „Warum?", entgegnete Mr. Payne. „Weil ich überhaupt nichts davon gehört habe. Deswegen. Erst als dieser Butler schnatternd und händeringend in der Tür stand, erfuhr ich davon."

„Aha!", meinte Wimsey. „Ich habe mir schon ge-
355 dacht, dass es eine gute, solide Tür sei. Sollen wir die Frau vielleicht mal bitten, für uns im Esszimmer zu schreien, und zwar bei offener Glastür?"

Der Inspektor führte diesen Auftrag aus, während die Übrigen gespannt auf die Schreie warteten. Es ge-
360 schah jedoch nichts, bis Henley seinen Kopf fragend zur Tür hereinsteckte. „Nichts gehört", sagte Parker.

„Ein gut gebautes Haus", bemerkte Wimsey. „Jeder Ton, der durch die Glastür dringt, wird durch den Wintergarten gedämpft. Na, Mr. Payne, wenn Sie die
365 Schreie nicht hörten, ist es nicht überraschend, dass Sie den Mörder nicht gehört haben. Sind dies alle deine Zeugen, Charles? Ich muss nämlich nach London zurück und verlasse dich mit meinem Segen und zwei Vorschlägen. Nummer eins: Suche nach einem
370 Wagen, der gestern Abend zwischen 19.30 und 20.15 innerhalb eines Umkreises von einer Viertelmeile

geparkt hat. Nummer zwei: Versammle alle Beteiligten heute Abend im Esszimmer und beobachte die Glastüren. Ich werde dich gegen acht anrufen. Übrigens, kannst du mir den Schlüssel zum Wintergarten 375 leihen, Charles? Ich habe da eine gewisse Theorie."

Der Oberinspektor überreichte ihm den Schlüssel, und Seine Lordschaft zog von dannen.

Die im Esszimmer versammelte Gesellschaft war nicht gerade in geselliger Stimmung. Nur die Polizei- 380 beamten plauderten miteinander und tauschten Anglererinnerungen aus, während Mr. Payne eine finstere Miene aufsetzte, die beiden Grimbolds eine Zigarette nach der anderen rauchten und die Köchin und der Butler nervös auf dem äußersten Rand ihres 385 Stuhles hockten. Endlich läutete das Telefon.

Parker blickte auf seine Uhr, als er sich erhob. „Drei Minuten vor acht", bemerkte er und sah, wie der Butler seine zuckenden Lippen mit dem Taschentuch abwischte. „Richten Sie den Blick auf die Glas- 390 türen." Damit trat er in die Diele. „Hallo!", rief er in den Apparat.

„Ist Oberinspektor Parker dort?", fragte eine ihm wohlbekannte Stimme. „Hier spricht Lord Peter Wimseys Diener aus der Wohnung Seiner Lordschaft 395 in London. Wollen Sie bitte am Apparat bleiben? Seine Lordschaft wünscht mit Ihnen zu sprechen."

Parker hörte, wie der Hörer hingelegt und dann wieder aufgenommen wurde. Dann ließ sich Wimseys Stimme vernehmen: „Hallo, alter Junge, hast du den 400 Wagen schon gefunden?"

„Wir haben von einem Wagen gehört", erwiderte der Oberinspektor vorsichtig, „der bei einem Gasthaus auf der Great North Road stand, ungefähr fünf Minuten von hier." „Lautete die Nummer ABJ 28?" „Ja. 405 Woher weißt du das denn?"

„Reine Vermutung. Dieser Wagen wurde gestern Nachmittag um fünf von einer Londoner Garage gemietet und kurz vor zehn Uhr zurückgebracht. Seid ihr Mrs. Winter auf die Spur gekommen?" 410

„Ja. Sie kam heute Abend mit dem Boot von Calais. Sie ist also offenbar O. K."

„Das habe ich mir auch gedacht. Nun höre gut zu. Weißt du schon, dass Harcourt Grimbold sich in einer misslichen Geschäftslage befindet? Im letzten 415 Juli kam es beinahe zu einer Krise, aber irgendjemand ist eingesprungen – möglicherweise der gute Onkel. Meinst du nicht auch? Alles ziemlich faul, wie ich von meinem Berichterstatter höre. Und man hat mir im tiefsten Vertrauen verraten, dass er wieder einen 420 neuen Schlag erlitten hat. Aber auf Grund von Onkels Testament wird es ihm nicht schwerfallen, einen Kredit aufzunehmen …" Er wurde durch ein kurzes, wohltönendes Glockenspiel unterbrochen.

*Fortsetzung auf Seite 76*

425 „Hörst du das? Erkennst du es wieder? Das ist die große französische Uhr in meinem Wohnzimmer … Was? Aha, Amt, bitte noch einmal drei Minuten. – Bunter möchte noch mal mit dir sprechen."

Der Hörer klapperte, und die verbindliche Stimme
430 des Dieners meldete sich wieder.

„Seine Lordschaft lässt Sie bitten, Sir, das Gespräch sofort abzubrechen und direkt ins Esszimmer zu gehen."

Parker gehorchte. Als er den Raum betrat, hatte er
435 zunächst den Eindruck, dass die sechs Menschen noch genauso dasaßen, wie er sie verlassen hatte: in einem erwartungsvollen Halbkreis, die Augen auf die Glastüren gerichtet.

Dann öffnete sich die Tür zur Bibliothek geräusch-
440 los, und Lord Peter Wimsey spazierte ins Zimmer.

„Großer Gott!", entfuhr es Parker. „Wie bist du denn hierhergekommen?" Die sechs Köpfe flogen herum.

„Auf dem Rücken der Lichtwellen", erwiderte Wimsey und strich sich das Haar zurück. „Ich bin achtzig
445 Meilen gereist, um bei dir zu sein, bei einer Geschwindigkeit von hundertsechsundachtzigtausend Meilen pro Sekunde."

„Es war eigentlich ganz klar", meinte Wimsey, nachdem sie Harcourt Grimbold (der sich verzweifelt
450 wehrte) und seinen Bruder Neville (der zusammenbrach und mit Brandy wiederbelebt werden musste) gefesselt hatten. „Es mussten diese beiden sein; sie waren so ausgesprochen woanders – fast wirklich woanders. Der Mord konnte nur zwischen
455 19.57 und 20.06 begangen worden sein, und es musste ein Grund existieren für dieses ausgedehnte Telefongespräch, das sich auf Dinge bezog, die Harcourt sehr gut hätte regeln können, wenn er kam. Und der Mörder musste vor 19.57 in der Bibliothek sein. Sonst
460 wäre er in der Diele gesehen worden; es sei denn, Grimbold hätte ihn durch die Glastür hereingelassen, was nicht sehr wahrscheinlich war.

Die Sache ist so vor sich gegangen. Harcourt brach gegen sechs Uhr abends in einem gemieteten Wagen
465 von London auf und parkte ihn bei dem Gasthaus an der Straße.

Dann ging er die letzte Viertelmeile zu Fuß und kam hier um 19.45 an. Dann hat er sich mit einem Nachschlüssel Zugang zum Wintergarten verschafft."
470 „Wie hat er den bekommen?"

„Im vergangenen Juli, als sein Onkel krank war, hat er ihm den Schlüssel vom Ring geklaut. Der Schreck über die Nachricht, dass der teure Neffe in Nöten saß, hat wahrscheinlich die Krankheit heraufbeschwo-
475 ren. Harcourt weilte damals hier – wie Sie sich

erinnern, brauchte man nur Neville herzurufen. Ich vermute, dass Onkel William nur unter gewissen Bedingungen mit dem Geld herausrückte. Es erscheint zweifelhaft, ob er es noch einmal getan hätte, beson-
480 ders da er daran dachte, sich zu verheiraten. Außerdem hat Harcourt wohl befürchtet, dass sein Onkel nach der Trauung das Testament ändern könne. Also wurde der Nachschlüssel angefertigt und der Plan ausgeheckt. Bruder Neville wurde eingeweiht und
485 musste helfen. Ich neige zu der Ansicht, dass Harcourt noch mehr auf dem Kerbholz haben muss als einen Geldverlust, und Neville steckt vielleicht auch in Schwierigkeiten. Aber, wo war ich stehengeblieben?" „Wie er in den Wintergarten kam."

„Ach ja – so bin ich heute Abend auch hereingekom-
490 men. Er hielt sich im Schutz des Gartens auf und wusste, wann Onkel William ins Esszimmer gehen würde; denn er sah ja das Licht in der Bibliothek ausgehen. Ihm waren die Gewohnheiten bekannt. Er kam im Dunkeln herein und schloss die äußere
495 Tür hinter sich ab. Dann wartete er beim Telefon in der Bibliothek, bis Nevilles Anruf aus London kam. Sobald es aufhörte zu läuten, hob er den Hörer von der Gabel. Nachdem Neville seinen Vers heruntergeleiert hatte, setzte Harcourt das Gespräch fort. Nie-
500 mand konnte ihn durch diese schalldichten Türen hören, und Hamworthy konnte nicht merken, dass Harcourts Stimme nicht aus London kam. Infolge des Parallelanschlusses kam sie ja auch über das Amt. Um acht Uhr schlug die Standuhr in der Jermyn
505 Street – ein weiterer Beweis, dass die Londoner Leitung offen war. Sobald Harcourt das hörte, forderte er Neville auf, noch einmal zu sprechen. Während Neville den Butler mit seinen blödsinnigen Instruktionen aufhielt, schlich sich Harcourt ins Esszimmer,
510 erstach seinen Onkel und verschwand durch die Glastür. Er hatte reichlich fünf Minuten, um wieder zu seinem Auto zu gelangen und abzufahren.

Inzwischen fuhr Neville in Harcourts Wagen um 20.20 aus London ab und lenkte unterwegs sorgfältig
515 die Aufmerksamkeit eines Polizisten und eines Mechanikers auf die Wagennummer. An einer verabredeten Stelle wechselten sie die Wagen. Neville fuhr mit dem gemieteten Wagen nach London, und Harcourt kehrte mit seinem eigenen Wagen hierher zu-
520 rück. Aber ich fürchte, es wird einige Schwierigkeiten bereiten, die Waffe, den Nachschlüssel und Harcourts blutbefleckten Mantel und Handschuhe zu finden. Neville hat sie wahrscheinlich mit nach London genommen, und durch London fließt ein schö-
525 ner, tiefer Fluss."

**76**

*Fortsetzung auf Seite 77*

**Dorothy L. Sayers: Ganz woanders**

**Aufgaben**

1. Bevor die wirklichen Täter überführt werden, sind eine ganze Reihe von Personen verdächtig.
   Notiere, welche.

2. Verdeutliche in einem Schaubild, wer die Verdächtigen sind und wie sie zu dem Opfer standen.
   Gehe so vor:
   - Schreibe die Namen der Personen auf die erste Linie.
   - Notiere auf der zweiten Linie ein mögliches Tatmotiv.
   - Ergänze wissenswerte Informationen zur Person.
   - Verdeutliche durch Pfeile die Beziehungen zwischen den Verdächtigen und dem Opfer,
     so wie sie sich den Ermittlern zunächst darstellen:

   ⟶ = normal, unauffällig;  ∿⟶ = freundlich, eng;  ⋀⋀⋀⋀⟶ = feindlich

   Hamworthy
   Motiv: Geldgier
   Infos: Butler des
   Ermordeten; mit einer
   Erbschaft bedacht

   Mr. Grimbold
   *Opfer*

3. Untersuche die Verhöre der Verdächtigen.
   a) Markiere im Text Hinweise auf den Tathergang.
   b) Wer ist nach den Verhören der Hauptverdächtige?
   c) Erkläre, welche Indizien gegen den Hauptverdächtigen sprechen.

4. Markiere alle Angaben über den Tatort und seine Umgebung.
   Erstelle anschließend eine Skizze des Tatortes und der unmittelbaren Umgebung mit allen
   für die Ermittlung wichtigen Details ( z. B. Fenster, …).

5. Lord Wimsey entlarvt den wahren Mörder durch ein Experiment.
   a) Beschreibe, wie er vorgeht.
   b) Welche der Annahmen aus den Verhören waren falsch?

6. Nachdem Lord Wimsey den Mord aufgeklärt hat, muss Oberinspektor Parker
   einen kurzen Bericht schreiben.
   a) Stelle die Beweise gegen die Täter stichwortartig zusammen.
   b) Berichte mit Zeitangaben über den Tathergang.

# Lösungen

## S. 8 und 9 Verbrechens- oder Detektivgeschichte? – Der Aufbau entscheidet!
**zu 1:**
Verbrechensgeschichte: Täter, Motiv, Tat, Aufklärung, Lösung
Detektivgeschichte: Tat, Aufklärung, Täter, Motiv, Lösung
**zu 4:** Täter, Motiv, Tat, Aufklärung, Lösung

## S. 10 Krimis auf dem deutschen Buchmarkt
**zu 4:**
Krimis scheinen gerne als Ferienlektüre zu Ostern und im Sommer gelesen zu werden.

## S. 16 und 17 Kurze Geschichte des Krimis
**zu 1:**
Der Lösungssatz lautet:
Der Gärtner ist immer der Mörder.

## S. 25 Spuren lesen
**zu 1:**
Die folgenden Schlussfolgerungen kannst du zum Beispiel ziehen:
- Der Täter ist leicht verletzt.
- Der Täter ist schwerer verletzt. Die Form des Tropfens weist auf eine größere Fallhöhe hin.
- Der Täter blutet stark. Seine Bewegung am Tatort ist nachvollziehbar.
- Der Abdruck stammt von einer schweren Person.
- Die Abdrücke stammen von einer hinkenden Person.
- Es handelt sich um eine Täterin. Die für den Winter ungewöhnlichen Stöckelschuhe weisen darauf hin, dass die Täterin zum Beispiel von einem Fest oder von einem Theaterbesuch kommt.
- Die Person wurde, während sie schrieb, umgebracht.
- Der Brief wurde in einem Fahrzeug, zum Beispiel in einem Bus oder im Zug, geschrieben.
- Der Brief ist vermutlich mit Tinte geschrieben.

## S. 26 und 27 Herzstechen
**zu 1 und 2:**
Milde war die Täterin. Sie verwendet als Einzige eine Linkshänderschere.

## S. 28 Detektivprofessor Nicky Welt
**zu 1:**
Folgende Schlussfolgerungen kannst du zum Beispiel ziehen:

- Der Satz wird an einem Ort gesprochen oder handelt von einem Ort, an dem man in Meilen misst.
- Der Sprecher ist unzufrieden. Er sagt ja selbst, dass die Wanderung bei schlechtem Wetter „kein Spaß" war.
- Der Regen hat den Sprecher vermutlich überrascht.
- Der Sprecher hatte nicht vor zu laufen, also hatte er entweder eine Autopanne oder er hat das letzte öffentliche Verkehrsmittel verpasst.
- Dass der Sprecher kein Verkehrsmittel mehr erwischt hat, legt nahe, dass er seine Wanderung nachts gemacht hat; etwa zwischen 1 Uhr nachts und 5 Uhr früh.
- Für einen Fußmarsch von neun Meilen hat der Sprecher vermutlich drei bis vier Stunden gebraucht.
- Der Sprecher muss eine wichtige Verabredung zwischen 5 und 6 Uhr früh gehabt haben, sonst hätte er auch auf das nächste Verkehrsmittel oder auf die Pannenhilfe warten können.
- Vermutlich führte der Fußmarsch vom Land auf die Stadt zu. In der Stadt hätte der Sprecher sicher ein Taxi gefunden.

## S. 29 und 30 Die ersten Sätze
**zu 3:**
- Erklärung a gehört zu „Zwei Fremde im Zug".
- Erklärung b gehört zu „Der Stümper".
- Erklärung c gehört zu „Der talentierte Mr. Ripley".

## S. 40 Falsche Fährten legen
**zu 1:**
Der erste Erzähltrick gehört zu Zitat drei.
Der zweite Erzähltrick gehört zu Zitat eins.
Der dritte Erzähltrick gehört zu Zitat zwei.
Der vierte Erzähltrick gehört zu Zitat fünf.
Der fünfte Erzähltrick gehört zu Zitat sechs.
Der sechste Erzähltrick gehört zu Zitat vier.

## S. 49 Kriminal-Sonette
**zu 1:**
**Mörtelfresser:** Gerät, mit dem Fred den Mörtel beseitigt, zum Beispiel eine Bohrmaschine
**Berittne:** gemeint ist die berittne Polizei
**Bresche:** eine Möglichkeit zur Flucht
**Sattelplatz:** Ort, an dem die Rennpferde gesattelt werden
**Renner:** Rennpferd

# Lösungen

## S. 57 Hohe Literatur und schreckliche Verbrechen

**zu 1:**

Friedrich Schiller: Der Verbrecher aus verlorener Ehre

Heinrich von Kleist: Der zerbrochene Krug

E.T.A. Hoffmann: Das Fräulein von Scuderi

Annette von Droste-Hülshoff: Die Judenbuche

Wilhelm Raabe: Stopfkuchen

Theodor Fontane: Unterm Birnbaum

Gerhart Hauptmann: Das Phantom

Ödön von Horvath: Jugend ohne Gott

Friedrich Dürrenmatt: Der Richter und sein Henker

## S. 62 bis 64 Ein Balladen-Krimi

**zu 2:**

Nun geht im Dorfe ein Fragen und Raunen an:
„Wo draußen die Birken stehen, ist schwere Tat
      getan!
Aber der heimliche Frevel hat nicht geruht:
Es wuchs eine rote Blume aus ungesühntem Blut!
Gott weiß, wohin des Weges, Gott weiß, woher er
      kam,
Der hier an offner Straße so böse Abfahrt nahm!
Gott weiß, wo eins im Lande um ihn in Sorgen
      geht!
Gott weiß, wo eine Türe umsonst ihm offen steht!
Und liegt er verscharrt im Sande wie ein verreckter
      Hund,
Wir wollen ein Grab ihm schenken in geweihtem
      Grund!"

Lehrling und Geselle liefen ins Dorf hinein,
Am Amboss in der Schmiede der Meister ist allein.
Er schlägt, wie wenn der Amboss in Stücke
      springen soll:
Die gottverdammten Glocken! Was bimmeln sie so
      toll?
Sie läuten den zur Ruhe, der an der Straße lag!
Es springen die roten Funken bei jedem Hammer-
      schlag,
Der Meister hört den Hammer und sonst nicht
      Laut noch Schritt, –
Was war das für ein Schatten, der über den Amboss
      glitt?
Und wie er jäh sich wendet, die Stirne nass von
      Schweiß,
Steht eine auf der Schwelle, bis in die Lippen weiß.
Die roten Flammen knistern, sonst keinen Laut
      umher,

Es fallen ihre Worte wie Tropfen bang und schwer.
Aug in Auge schauen die zwei sich an:
„Der dir nicht Ruh gegeben, – ist's der mit der
      Tulipan?"
Stille. Ein hartes Lachen aus des Meisters Mund.
„Jetzt muss er wohl Ruhe geben in geweihtem
      Grund!"
Wieder Schweigen. Und Glocken in das Schweigen
      herein, –
In den Augen des Mannes lauert ein böser Schein.
Er schließt die Faust um den Hammer wie spielend
      zu:
„Schwatzhaft ist Weiberzunge. Wann gibt die
      Ruh?"

Da schreit sie in jähem Schrecken, ihr Blut gerinnt,
Sie jagt hinaus und das Dorf entlang wie taub und
      blind,
Sie hört nicht die wirren Stimmen rufen hinter ihr,
Sie sieht nur des Pfarrers weißes Haar, vor seines
      Hauses Tür,
Da bricht das Weib in die Kniee und schluchzt auf
      seine Hand:
„Hilf Gott, er will mich erschlagen, – wie den am
      Straßenrand!"

Die Richtstatt ist hoch am Berge und droht ins
      Land hinein, –
Da gehen die weißen Straßen im Sonnenschein.
Straßen, darüber die Blitze des hohen Sommers
      stehn,
Straßen, darüber die Wolken Staub und Regen
      wehn,
Straßen, von denen zum Himmel heimliche Blut-
      tat schreit,
Auf denen Einer verloren Ehre und Seligkeit!
Und wenn sie den Leib da droben richten mit dem
      Schwert, –
Gott sei gnädig der Seele, die ihre Straße fährt!

## S. 70 und 71 Dürfen Fernsehkommissare ein Privatleben haben? Kritik am „Tatort"

**zu 1:**

**Melodram:** Hier ist eine Handlung gemeint, die zwar spannend, aber auch übertrieben und künstlich ist. Dass Kommissare in ihre Fälle ständig privat verwickelt sind, ist nicht glaubwürdig.

# Quellen

## Textquellen

S. 9: Und Abel wurde ein Schäfer ... Aus: Die Bibel.
S. 11: Im ersten Kapitel passiert der Mord ... Aus: Friedrich Glauser, Der Kommissar. Offener Brief über die „Zehn Gebote für den Kriminalroman. In: Friedrich Glauser, Wachtmeister Studers erste Fälle. Kriminalgeschichten. Hrsg. Frank Göhre, Arche Verlag, Zürich 1989, S. 181–191.
S. 12 f.: S. S. Van Dine (Willard Huntington Wright), Zwanzig Regeln für das Schreiben von Detektivgeschichten.
Aus: Der Kriminalroman, UTB 8147. Hrsg. Jochen Vogt. Verlag Wilhelm Fink, Paderborn 1998.
S. 14: Herbert Riehl-Heyse, Mord auf allen Kanälen.
Aus: Süddeutsche Zeitung, Nr. 40, 16./17. Februar 2002.
S. 18 f.: Christine Lehmann, In keiner Literaturgattung ... Aus: http://www.lehmann-christine.de, © Christine Lehmann.
S. 20 f.: Carola Padtberg, Profiler – Es geht um Mord.
Aus: Die Zeit, Zeitchancen Juni 2005, S. 24.
S. 22: Friedrich Dürrenmatt, Krimi-Kritik. Aus: Friedrich Dürrenmatt, Das Versprechen, Requiem auf den Kriminalroman. Copyright © 1998 Diogenes Verlag AG Zürich.
S. 26: Lawrence Treat, Herzstechen. Aus: Rätselhafte Morde. 37 Krimi-Rätsel. Gerstenberg Verlag, Hildesheim 1998, S. 116 f.
S. 29: Patricia Highsmith, Der Zug jagte dahin ...
Aus: Zwei Fremde im Zug. Aus dem Amerikanischen von Anne Uhde, Copyright © 1974 Diogenes Verlag AG Zürich.
S. 29: Patricia Highsmith, Tom blickte sich um ... Aus: Der talentierte Mr. Ripley. Aus dem Amerikanischen von Barbara Bortfeldt, Copyright © 1971 Diogenes Verlag AG Zürich.
S. 29: Patricia Highsmith, Der Mann trug dunkelblaue Hosen ... Aus: Der Stümper. Aus dem Amerikanischen von Barbara Bortfeldt, Copyright © 1974 Diogenes Verlag AG Zürich.
S. 30: Patricia Highsmith: Suspense oder wie man einen Thriller schreibt. Copyright © 1990 Diogenes Verlag AG Zürich.
S. 31: Wolfgang Ecke, Club der Detektive. 65 Kriminalfälle zum Selberlösen, Ravensburger Buchverlag, Ravensburg 1994, S. 125, 126, 231, 338.
S. 37 f.: Georg R. Kristan, Schauplatz Bonn. Aus: Spekulationen in Bonn. Goldmann TB Verlag, München 1988, S. 7–8, 34–35.
S. 43: Tamara Hayle ist allein erziehende Mutter ...
Aus: Brigitte 22, 2000. Beilage Brigitte Extra, Die neuen Bücher, S. 36 f.
S. 44 ff.: Cyril Hare, Ein perfekter Mord. Aus: Mörderglück. Aus dem Amerikanischen von Elisabeth Gilbert, Michael Gilbert, Peter Naujack. Copyright © 1963 Diogenes Verlag AG Zürich.

S. 49: Ludwig Rubiner, Friedrich Eisenlohr, Livingstone Hahn, Kriminal-Sonette. Aus: Lieber Gott, Du bist der Boss, Amen! Dein Rhinozeros. Komische deutschsprachige Gedichte des 20. Jahrhunderts. Hrsg. Christian Maintz. Verlag Sanssouci im Verlag Nagel & Kimche AG, Zürich 2000, S. 35 f. Scherz Verlag, Bern und München. Alle Rechte vorbehalten S. Fischer Verlag GmbH, Frankfurt am Main.
S. 50: Es ist unmöglich, von Nick Knatterton ...
Aus: Eckart Sackmann, Kombiniere ... Manfred Schmidt – Ein Humorist mit Hintergedanken. Verlag Sackmann und Hörndl, Hamburg 1998, S. 39.
S. 51: Sein Vater bin ich ... Aus: Nick Knatterton,
Alle aufregenden Abenteuer des berühmten Meisterdetektivs, aufgezeichnet von Manfred Schmidt, Lappan Verlag, Oldenburg 1993, S. 5 f.
S. 52 ff.: Henry Slesar, Alice hat einen Auftrag (Schabernack mit einer alten Dame). Aus: Henry Slesar, Schlimme Geschichten für schlaue Leser. Aus dem Amerikanischen von Thomas Schlück, Copyright © 1980 Diogenes Verlag AG Zürich.
S. 55: Ingrid Noll, Der Hahn ist tot. Copyright © 1991 Diogenes Verlag AG Zürich.
S. 58: Die Derrick-Serie erfreut sich ... Aus: Umberto Eco, Derrick oder die Leidenschaft für das Mittelmaß. Streichholzbriefe 1990–2000. Carl Hanser Verlag, München/Wien 2000, S. 97–99.
S. 60 f.: Agatha Christie. Aus: Der Wachsblumenstrauß. Scherz Verlag Bern und München. Alle Rechte vorbehalten S. Fischer Verlag GmbH, Frankfurt am Main.
S. 62 f.: Lulu von Strauß und Torney, Die Tulipan. Aus: Echtermeyer/Wiese, Deutsche Gedichte. Von den Anfängen bis zur Gegenwart. August Bagel Verlag, Düsseldorf 1973, S. 537 ff.
S. 66 f.: Im Mosbach lag ... Aus: Friedrich Dürrenmatt, Das Versprechen. Requiem auf den Kriminalroman. Copyright © 1998 Diogenes Verlag AG Zürich.
S. 68: Jerry ist Mitte Dreißig ... Aus: www.jerrycotton.de. © Bastei Lübbe Verlag.
S. 69: Marathon des Todes. Aus: Jerry Cotton, Marathon des Todes. Band 2149. © Bastei Lübbe Verlag.
S. 70: Ira Panic, Wenn es am Tatort zu sehr menschelt.
Aus: HörZu, Heft 44, 2002.
S. 72 ff.: Dorothy L. Sayers, Ganz woanders. Aus: dies., Feuerwerk. Scherz Verlag, Bern 1963. Alle Rechte vorbehalten S. Fischer Verlag GmbH, Frankfurt am Main.

## Bildquellen

Umschlagbilder:
Mitte: picture-alliance/dpa/dpawb, Frankfurt a. M.;
rechts (H. Bogart): picture-alliance/akg-images, Frankfurt a. M.;
Umschlagrückseite: Maja Bohn, Berlin

S. 9: akg-images, Berlin;
S. 10: sign, Berlin, © www.boersenverein.de/de/93059;
S. 17: oben links: picture-alliance/Photoshot, Frankfurt a. M.;
oben Mitte: picture-alliance/dpa;
oben rechts: Aus: Marbacher Magazin 73/1996, © 1995 Deutsche Schillergesellschaft Marbach am Neckar;
Mitte links: Aus: Emil und die Detektive, Illustration: Walter Trier. Atrium Verlag, Zürich;
Mitte: picture-alliance/akg-images, Frankfurt a. M.;
Mitte rechts: picture-alliance/akg-images, Frankfurt a. M.,
unten links: Cinetext, Frankfurt a. M.;
unten Mitte: Cinetext, Frankfurt a. M.,
S. 18: picture-alliance/akg-images, Frankfurt a. M.;
S. 29: picture-alliance/Picture Press/CAMERA PRESS/ Horst Tappe, Frankfurt a. M.;

S. 36 oben links: picture-alliance/Photoshot, Frankfurt a. M.;
oben rechts: picture-alliance/dpa/dpaweb, Frankfurt a. M.;
unten links: picture-alliance/dpa/dpaweb, Frankfurt a. M.;
unten rechts: picture-alliance/akg-images/Florian Profitlich, Frankfurt a. M.;
S. 39 (Donna Leon): picture-alliance/dpa, Frankfurt a. M.;
ullstein bild, Berlin;
S. 43: Buchcover: Diogenes Verlag, Zürich 2002;
S. 50 und 51: Comic: Oldenburg, Lappan Verlag, 9. Auflage 1993;
S. 59 links: Cinetext, Frankfurt a. M.; rechts: picture-alliance/ KPA, Frankfurt a. M.;
S. 60: picture-alliance/dpa, Frankfurt a. M.;
S. 65: © CCC Filmkunst GmbH;
S. 68: www.jerrycotton.de;
S. 70: picture-alliance/KPA, Frankfurt a. M.

Nicht bei allen Abbildungen und Texten konnten wir die Rechteinhaber ausfindig machen. Berechtigte Ansprüche werden wir im üblichen Rahmen vergüten.